AF415455

التَّفكِيك عن قُرب، التَّفكِيك عن بُعد

حِوارات مع دريدا حول: الحدث والفلسفة والضّيافة

ترجمة وتقديم: محمّد بكّاي

التَّفكيك عن قُرب، التَّفكيك عن بُعد

حِوارات مع دريدا حول: الحدث والفلسفة والضّيافة

ترجمة وتقديم: محمّد بكّاي

جاك دريدا

الطبعة الأولى

1446 هـ – 2025 م

ردمك 978-91-89972-18-6

منشورات الاختلاف
Editions El-Ikhtilef
9 شارع محمد دوزي برج الكيفان
الجزائر العاصمة
هاتف 0776616609
e-mail: editions.elikhtilef@gmail.com

منشورات ضفاف
Editions Difaf
editions.difaf@gmail.com

www.sameh.se - info@sameh.se

إهداء

إلى روح بختي بن عودة.

المحتويات

مقدمة المترجم: تفكيكات جاك دريدا شعرية الفكر وابتكار الحدث 9

مديح الفلسفة 15

هل هناك لغة فلسفية؟ 27

التفكيك ومساءلة التقليد الفلسفي الغربي 41

الفكر روح، جسده اللّغة 47

فلسفة تفكيكية 55

عن الضّيافة 67

مبدأ الضّيافة 77

النِّسوية والرّاديكالية التّفكيكيّة – تأمّلات في الخطاب والأسلوب والاستراتيجيّة 83

"تصميم الرّقصات" 97

مفكّر الحدث 119

العدالة أو ما لا يقبل التّفكيك 129

جاك دريدا – أنا في حرب مع نفسي 133

مقدمة المترجم
تفكيكات جاك دريدا
شعرية الفكر وابتكار الحدث.

لطالما تميّزت أعمال الفيلسوف الفرنسي جاك دريدا (1930–2004) بالفرادة والتميّز والغموض والصعوبة الأسلوبية. من خلال مسيرة حافلة بالنقاشات والحوارات والكتابة الفلسفية التي استمرّت أربعة عقود تقريبا، حاول دريدا ولوج مواقع حرجة بين فهم الواقع الإنساني ومآلاته المنفلتة من أية محاولة للترسيم والتحديد. منذ ظهور أعمال دريدا البكر سنة 1967، شكّل "التفكيك" فلسفة عصيّة عن التصنيف، أو حدثا فلسفيا زلزل مواقع الفلسفة التقليدية وشتّت إحداثياتها وأعاد النظر في خرائطها. ما يميز التفكيك الدريدي هو رهانه على تفكير ينشأ من السؤال والاحتمال المستحيل للحدث، واعتماده على طريقة مقنّعة وملتوية للإجابة، من خلالها يضاعف التفكيك حدّة الغموض وكثافة السّؤال، فلا يجيب عن مضمون السؤال ومحتوى المعرفة أو يحدّدها ليثبتها، بل يعرض احتمالية الأسئلة وهي تتقلّب بين "نعم" و"لا"، فهو لا يفترض أية إجابات مسبقة وساكنة بقدر ما يفتح الجبهات على دينامية نصية شرطها الأوّل هو الاحتمال والإزاحة، أي ما يتّصل بالحدث كحدث "فردي وفريد" منفلت من محاولة الاستيلاء على المعرفة. عداوة التفكيك للأنساق رافقت رحلته الفلسفية، ليتحدّث عن مغامرة فردية جريئة عبر الكتاب والكتابة، مغامرة تسائل السياقات السياسية والتاريخية، وتنقّب بحثا عن جذور الذّات في كل مكان وزمان. يُمثّل التفكيك حدثا فلسفيا يطارد -بشكل مباغت ومراوغ- ما يأتي من الماضي أو من المستقبل المطلق.

اختيارنا لحوارات أجريت مع جاك دريدا استراتيجي؛ في مطاردة دريدا واقتناص فكره عبر المحاورة واللقاء ما يخفّف من شغب التفكيك وفتنته قليلا، ويدنو إلينا رغبةً منه -إن كانت له رغبة في ذلك طبعا- في تبسيط المفهوم أو جعله شفّافا أكثر. نتعرّف عبر هذه الحوارات على جاك دريدا الذي يأتي في مصافّ المناضلين عن الفلسفة وتطوير مناهج التدريس وإعادة الاعتبار لها في المجتمع والإلحاح على تغيير سياسي حقيقي. ما ترومه هذه اللقاءات هو إعادة التأمل في التفكيك بوصفه برنامجا عمليًا، داحضا ازدراءات مناوئيه التي تراه مجرّد فلسفة عدمية أو سفسطة عمياء.

عبر هذه اللقاءات، يقرّب لنا دريدا رؤيته للفلسفة، وهي رؤية جديدة قوامها الثورة المضادّة على نفسها، وهو التمرد الذي يتقاسمه بقية أبناء جيله (فوكو، ألتوسير، دلـوز، كريستيفا...). التفكيك تمـرّد على الفكر المركزي الـذي طبع التقاليد الفلسفية منذ أفلاطون وصـولا إلى هيغـل وهوسرل، والانتصار للكتابة بهذه الطريقة المتمردة والغريبة هـو نقد الفلسفة مـن الدّاخل والخارج معـا؛ أي نسف لحدودها وتحرير لباطنها. ويتداخل البرنامج التفكيكي ضمن هذه الرؤية التقويضـية (إذا استعرنا مصطلح هايـدجر) مـع الـبرامج التعليميـة والسياسية والتربوية الأخرى. فتصبح الفلسفة فضاء غير متحيّز لحق فكري مضبوط، هـو فضاء "اللّامكان" الذي لا بداية له ولا نهاية حسب قول دريدا.

أمّا اقتراب التفكيكي من النصوص -فلسفية كانت أم أدبية- فيكون كشفا لاحتمالاتها ورصدا لتوقّعاتها. إنّ فكّ التشفير هـو رؤية متبصّرة للاختلاف غير القابل للاختزال الذي يثري النصوص. وهنا يستثمر دريدا مفهوم الكتابة مازجا بين الأدبي والفلسفي، وهو مـا وسـم نصوصـه ومنحها بصمة تخييلية فلسفية خاصة. فبين الأدب والفلسفة تتعقّد الصـلات وتتواشـج وتتشابك قوانينهما في حيّز مثير للاهتمـام. وهـو مـا طبع نصوصه الطلائعية مثل **نواقيس** أو **التشظي.** وطبعت هذه السِّمة الاختلافية خطابه الفلسفي الذي يقوّض الأنساق التحديدية

وينسف أوهامها. عبر هذه الحوارات يثير جاك دريدا أسئلة من قبيل: "ما هي الفلسفة؟" و"ما هو الأدب؟". فما تسير على هديه التفكيكات الدريدية هو ضرب برزخيّ لا هو أدبي ولا هو فلسفي، إنه شكل مقنّع أو ملتبس وغير واضح الملامح، مشتّت الوجهات وشذري الجهات، يضحّي بالعقلانيات لأجل التلذّذ بكتابة تخرّ فيها البراهين لصالح شاعرية الفكر واللغة.

روح هايدجر ونيتشه وماركس وفرويد حاضرة عبر هذه الحوارات، من خلال إعادة قراءة نصوصهم ليقدم لنا فيلسوف التفكيك فهما غريبا للنصوص ولذواتنا، أي خلق رؤية عكسية تشبه لاشعورنا. لأن تلك النصوص تعمل وفق منطق باروكي غرائبي يثير الشّغب، يجسّد لنا الفكر في اللغة ويطلّ من خلال المناطق المطمورة للعقل على تأويل جديد للعالم والواقع. ظلّ التفكيك استفزازا فلسفيا يشتغل على تصوّرات غريبة عن اللغة، شديدة الحذر واليقظة، وهو ما دفعه للكتابة عنها بطريقة فريدة وباروكية تجعل فكره فاتنا وخلاّقا أكثر.

كما يقوّض دريدا أية محاولة إسقاطية ويُزيح أيّ تحديد تثبيتي تتماهى فيه الهوية مع نفسها، فهو لا يزعم انتماءه إلى أي جهة أو مدرسة أو مذهب أو لغة، ويستحضر تجربته الأولى في وطنه الأمّ "الجزائر" التي تحدّث عنها بشكل نوستالجي في كتابه **أحادية الآخر اللغوية** ليُرمّم أعطاب الهوية وكلوم الذاكرة. ليس التفكيك مفارقة سلبية أو لعبا بلاغيا كما ادّعى بعض نقاده، بل هو طريقة في التفكير تمتدح الصيرورة والاهتزاز والحركة التي لا تتوقف. لا ينتمي دريدا إلى عصر واحد ومحدد، بل هو **طيف** ينتمي إلى كل الأزمنة ويتحدّث بكل اللغات.

ركّز دريدا في بعض المواقع من هذه الحوارات على مفاهيم الإيديولوجيا والسياسة وتاريخ الكذب، وأعارها اهتماما أوفر حينما ربطها بموجة الميديائية التي تضخّمت أكثر في نهايات القرن الماضي. وعليه، يُعدّ دريدا منظّرا فذّا للكذب وتاريخه، من خلال إعادة قراءة هايدجر أو فرويد وآرنت. كما ظلّ دريدا وفيّا لمواكبة المفاهيم الجديدة التي تغير تضاريس الفكر، حين تحدّث عبر هذه

اللقاءات عن الوسائل التقنية الجديدة في عالم بدأ يشهد تسارعا تواصليا مفرطا، من شأنه أن يطوّر الفضاء العام والثقافة والممارسات الاجتماعية للأفراد بشكل ملحّ أكثر من أيّ وقت مضى.

أطياف ماركس حاضرة عبر هذه الحوارات، وهي عودة خالصة ووفية لاستحضار أطيافه كما يليق بها، فعندما كتب دريدا عمله الفريد **أطياف ماركس** كانت الليبيرالية الجديدة في أوج نزوتها ونشوتها تهلّل بدفن ماركس. يحتجّ دريدا على طريقته، مصوّبا نقدا حادّا لهذه الرأسمالية المتوحّشة، عندما يغوص في قضايا الحِداد والتحليل النفسي، ليجعل من الحداد قوّة استحضار لفكّ رموز النّص وحدوده الفلسفية، ماركس صورة طيفية مفتوحة على الآتي والمستقبل، وهو ما يحاول التفكيك المراهنة عليه، أي التقاط قيمة الطيف كقوة عابرة للأرشيف والتاريخ، غير متمركزة أو مكرّسة لحقبة زمنية محدّدة. في أطياف ماركس ظلّ دريدا مشدودا ومنتبها، ألّا يقول كلمة واحدة لصالح ماركس أو ضدّه وهو ما يتجلّى عبر هذه الحوارات.

آثار المنعطف الإتيقي للتفكيك واضحة أيضا في هذه المقابلات، وهو ما طبع أعمال جاك دريدا في التسعينيات؛ فبين الضيافة والنسوية والهجرة وحقوق الإنسان والعدالة والقانون، زحزحت سياسة التفكيك ثوابت الفكر السياسي لأجل تغيير نقديّ للحقوق. فعمل التفكيك كان إصلاحيا رغم ثورته الواضحة، وبذل فيه دريدا جهدا باسم النقد التحرّري ليشارك كلّ مثقف في الانتصار للإنسان وتعطيل أنساق الثقافة الدولية المهيمنة. كما وجّه دريدا نقدا شرسا لسياسات فرنسا وتشريعاتها بشأن المهاجرين، ودعا بصبغة أخلاقية متأثرة بلغة لفيناس إلى إعادة النظر والنقاش في قضايا الترحيب بالآخر الغريب عن الثقافة المركزية الأوروبية، ورأى في قوانين الاندماج صهرا للحميميات الفردية وتهميشا للذاكرة الوطنية، لكن دريدا راهن على فضاء سياسي ومدني "غير مشروط" لأجل ابتكار أحكام وظروف أحسن؛ فالضيافة الخالصة التي ينشدها

هي الترحيب بالمضيف قبل وضع شروط له، قبل معرفته وسؤاله أو طلب أيّ شيء منه، سواء كان اسمًا أو "أوراق" إثبات الهوية. تمثل التعديلات التي اقترحها دريدا تربية مدنية واحتراما للآخر وشجاعة سياسية، ما يدعو إليه لا ينتمي إلى الإتيقي بقدر ما يتغلغل فيه. هو ضرب من "المستحيل الممكن" (*L'im-possible*) كما يشترطه دريدا، أي محاولته التفكير في إمكانية المستحيل.

ما يمكن قوله –كما جاء على لسان دريدا– إنّ التفكيك ليس نقدا أو طريقة أو منهجا، هو جينيالوجيا لأفكار ونصوص ومفاهيم تصنع أحداثا تثير الدّهشة. ما عوّل عليه التفكيك هو الشّبح الذي يعود دون استئذان، ولتلك العودة أثرها الخالص الذي لا يمكن محوه في الزمان والمكان، لهذا أولى دريدا اهتماما به، لما لا يمكن التنبؤ به أو تمثله كما هو في الفكر. حيث ينفلت الشبحي (*Le spectral*) من أي شروط تحديدية، هو حدث معرفي فريد تميّز به دريدا عن معاصريه خاصة في كتابه **أطياف ماركس** الذي ذكره في أكثر من موضع ضمن هذه الحوارات. بعبارات أخرى، التفكيك أسلوب فكري يقتفي أثر الشّبح (*Le spectre*) ويحتمل إمكانية وقوعه، وهو ما تنكره التضاريس الفلسفية والتصوّرات المنطقية المتمركزة عقلانيا.

منذ رحيل جاك دريدا في خريف 2004، لم يتوقّف أشياعه عن إحياء أثره بين الحين والآخر، بطريقة أو بأخرى، وهو ما نرومه في هذا الكتاب **التفكيك عن قرب، التفكيك عن بعد** الذي يجمّع حوارات مع جاك دريدا حول الحدث والضيافة والفلسفة، وهو استحضار التفكيك بوصفه ممارسة فكرية يقظة ومنفتحة على الآتي، فالفكر المتأخّر لدريدا مثّل منعطفا حاسما ومثيرا للاهتمام، عبر طرح قضايا سياسية وأخلاقية تتصل بالضيافة والغيرية والنسوية والعدالة والتعليم الفلسفي والحدث. وتشكّل هذه الحوارات التي جمعناها في هذا الكتاب تأمّلا مبسّطا ومكثفا، يعيد النظر في أعطال التاريخ وأعطاب الإنسانية ومآزق السياسي ورهان الديمقراطية، لرفع الحجب عن فلسفة نشطة واكبت

عصر التحوّلات التقنية المفرطة، وليست مجرّد سفسطة أو عبث تحليلي كما قـذفها نقادهـا. التفكيـك لا يهـادن ولا يـداهن، عُـرِف بشـغبه النقـدي وشـغفه بالسؤال، وهنا يخلق "الحدث" للتعبير عن فكرة حجبتها الماهيات المتطابقة.

محمد بكاي
الجزائر، 01 يوليو 2023

مديح الفلسفة

حوار بين جاك دريدا وديدييه أوريون وروبير ماجيوري
وجان بيار ساغلار[1]

إن مبادرات وزير البحث جان بيير شوفينمو، تزعج اليوم العالم المحشوّ بشكل عام بالعلوم الدقيقة والعلوم الاجتماعية أو الإنسانية. حتى الآن لا نعرف ما الذي قد يخرج من هذه "الورشة"، سواء كان جيدًا أو سيئًا: المشاريع والمناقشات والمشاريع المضادّة والخلافات والمناقشات الجارية على قدم وساق. ومع ذلك، هناك شيء واحد واضح: الفلسفة منسية تمامًا. ورغم ذلك، فإننا نتذكر "الخلاف الفلسفي" والمناقشات حول الفلسفة التي أثارتها النيات (السيئة) للحكومات السابقة. وجد الفلاسفة أنفسهم، بعد حشدهم في يونيو 1979، في الجمعية العامة للفلسفة، حيث تم اكتساب الفكرة، ليس دفاعا عن الفلسفة فقط وعن ما تمثله كما يبدو واضحا، ولكن أيضًا امتدادًا للتعليم الفلسفي. في ذلك الوقت، كان الاشتراكيون، الذين لم يكن تصنيفهم ضمن أولئك الذين "يخشون الفلسفة" ضروريا، قد استمعوا بشكل إيجابي إلى المقترحات الصادرة عن الجمعيات العامة (des États Généraux). كان فرانسوا ميتران قد أكّد قبل الانتخابات، مع وجود الاشتراكيين في السلطة، إن تدريس الفلسفة "سيتم الحفاظ عليه وتطويره". اليوم يتواجد الاشتراكيون في السلطة، ماذا عن الوعود إذًا؟ وزير التربية الوطنية آلان سافاري، على عكس زميله في البحث، صامت للغاية. لقد طلبنا من جاك دريدا

---

(1) *Libération*, 21-22 novembre 1981.

الذي كان دائمًا في طليعة الكفاح من أجل "الفلسفة"، وهو على رأس (Greph) أن يقدم مساهمته – التي قد تبدو تساؤلا ضروريًا.

مقترح (GREPH):

تقترح Greph وهي مجموعة بحثية حول تدريس الفلسفة، أن قرارًا مبدئيًا يؤكّد وينفّذ التزامات رئيس الجمهورية: في أقرب وقت ممكن، سيتم تقديم تدريس الفلسفة، الذي يتم الحفاظ عليه في جميع أقسام النهائي، من جهة ثانية يتم تحديد هذا التاريخ والقرار، وستجمع الأعمال من جميع الأطراف المعنية؛ وعلاوة على ذلك، سيتم مضاعفة التجارب، ليس فقط في بعض المدارس الثانوية المتخصصة في التجريب، ولكن حيثما كانت ممكنة ومرغوبة، مع العلم أن الوزارة ستشجع الظروف وتعززها رسميًا. تقترح Greph أيضًا تقديم الفلسفة في الثانوي في شكلها النظامي المعترف به، مع متطلّباتها ومعاييرها التقليدية، لكن هذه النقاط يجب مناقشتها مع جميع السلطات المعنية، أي هي نقاط للمناقشة مع كل الهيئات المعنية. على سبيل المثال بمعدل ساعتين في الأسبوع، ومع الحقوق المسموح بها لأي تخصص أساسي آخر. يقوم مدرس الفلسفة بتدريس ما نتفق على تسميته، بالمعنى الدقيق للكلمة، بالفلسفة المؤسّسية. ولكن من ناحية أخرى، بالاتفاق مع ممثلي التخصصات الأخرى، وفقًا لأشكال جديدة، على محتوى جديد ولا يزال تمثيلًا ضئيلًا أو سيئًا في التوزيع الحالي لمجالات التدريس، سيتم ممارسة شيء ما بقدر ما يتم تدريسه، أي ما يشبه التفكير في حدود الفلسفة، إذا أمكن خارج البرنامج وبأكبر قدر ممكن من الخلق، للابتكار المشترك. في هذا الفضاء التّوضيحي، سيكون للفلاسفة والفلسفة (بالمعنى الأوسع والأحدث) نصيبهم، وهو جزء غير راجح، سيكون متاحًا في مجمله لجميع المعلمين ولكلّ الطلاب. وهذا يفترض إجراء إصلاح عميق للنظام وللأعراف داخل المدرسة وفي أي مكان آخر.

ج. دريدا
Qui a peur de la philosophie? et Les États Généraux de la philosophie (Flammarion, Collection Champs).

ليبيراسيون: في مناسبتين، تعرّض فرانسوا ميتران لمسألة توسيع نطاق تدريس الفلسفة. كان هذا الموضوع على قائمة أعمالكم منذ الجمعية العامة للفلسفة.

جاك دريدا: في الحقيقة، منذ بداية عام 1975، كان الأمر بالنسبة لنا أكثر من مجرد ادعاء محدد (فني، تعليمي، وحتى مشترك). مثل هذا التحول من شأنه أن يؤثر على كل شيء، قبل وبعد المدرسة الثانوية، داخل وخارج التعليم. نظرًا لأنها قبل كل شيء ليست مسألة نشر نظام، وحتى أقل من النظام نفسه (المحتوى نفسه، المناهج نفسها، وما إلى ذلك) في ظل ظروف متطابقة، حيث ندعو إلى تحوّل عميق للنظام التعليمي بأكمله في علاقته بالمجتمع، كنا نعلم جيدًا أننا كنا نتحدث بعد ذلك عن تغيير سياسي حقيقي.

ولا نخفِي أنه مع وصول حكومة يسارية، فإن مساحة النقاش أو العراك ستكون بالتأكيد أكثر انفتاحًا وأكثر ملاءمة، لكن تلك المقاومة ستظل قوية، ولا يزال العمل والنضال ضروريين. إن ما نواجهه هو بالفعل أقدم وأكثر تجذّرا، وبالتالي أكثر إصرارًا من الموضوعات والبرامج والقوانين السياسية التي تتعارض أو تتفق عليها الأغلبية الانتخابية في هذا البلد.

ليبيراسيون: لكننا شهدنا بعض التغيير السياسي. هل من المحتمل أن تزيل هذه التغييرات بعض العقبات؟

جاك دريدا: يبدو أن العقبة السياسية قد أزيلت من حيث المبدأ، ويبدو أنها اختفت شكليا. أنا لا أتحدث فقط عن الشعور بالخلاص، الأمل الهائل الذي كان من الممكن أن يولّده وصول اليسار إلى السلطة. أنا لا أتحدث فقط عن ما يمكن أن ينتهي بواحدة من أكثر الخطوط التاريخية قتامة منذ الحرب، في الجامعة خاصة، وهنا يجب التأكيد على ذلك. لا! أنا أشير على وجه التحديد إلى الالتزامات الرسمية لفرانسوا ميتران خلال حملته الرئاسية، لأن هذا هو الموضوع الوحيد لمقابلتنا. مثل كل التزامات هذه الفترة، يجب أن تشكل ميثاق

عمل الحكومة. ومع ذلك، كانت هناك أولًا المقترحات العشرة لـ خطاب إيفري (Discours d'Evry)، ثم هذه الرسالة إلى (Greph) نُشرت منذ ذلك الحين في **لوموند** يوم 27 مايو: "يجب الحفاظ على تدريس الفلسفة وتطويره"، "يمكن توسيعه في التعليم الثانوي" و"يجب تضمينه في جميع أقسام الدورة الثانية الطويلة". تستجيب هذه الالتزامات على وجه التحديد لمطالب الجمعيات العامة. لن نسمح لهم بالنسيان أو الإهمال. من المُلحّ أن نتذكرهم اليوم، لأن المشاكل لا تزال قائمة.

لـم تعلـن الـوزارة عـن أيـة إشـارة حتى الآن، ولا عن أدنى مبادرة في هذا المجال، ولم ترد إشارة رسمية إلى التزامات فرانسوا ميتران، ولم نطرح حتى فرضية مناقشة، أو مشروع دراسة أو استكشاف أوّلي، لا شيء! حتى أننا نحافظ على قمـع بعـض التراخيص الحيوية للفلسفة في بعض الجامعات (من طرف صونيي سييتي Saunier-Séité [1]). كثيـر مـن المدرسين والطلاب والتلاميـذ مندهشون أو ساخطون من هذا، ويمكننا أن نشهد على ذلك. في عدة مناسبات، في صيـف وخريـف هـذه السـنة، عرضـت (Greph) المشاركة في هذه الأعمـال التحضيرية الأساسية على الأقل. يجب إشراك جميع الأطراف المهتمة: الـوزارة والمفتشية العامة وأولياء أمور الطلاب وممثلي التخصصات الأخرى والنقابات والجمعيات المهنية، مثل رابطة أساتذة الفلسفة (التي ليسـت "الجمعية التمثيلية الوحيـدة"، والتي "كرّسـت عملها لأكـثر من ثلاثين عامًا"، كمـا زعمـت للتو لـ "توسيع التدريس الفلسفي": حتى أن بعض أعضائها أعلنوا خشيتهم من توسّع التـدريس الفلسفي في الأقسـام التقنية). على أي حـال، لا يمكن لأي إجراء – يتعلق فقط بتعديل الجداول الزمنية في أقسـام النهائي – أن يتناسب مـع المشاكل التي نناقشها والتي نكافح لأجلها.

---

(1)   أليس صونيي سييتي (1925–2003) سياسية فرنسية، تقلّدت منصب سكرتير الدولة بين 1976–1978، ثم وزيرة الجامعات إلى غاية ماي 1981. (المترجم)

18

ليبيراسيون: هل مسألة الأقسام التقنية مهمة جدا بالنسبة لكم؟

جاك دريدا: نعم، وبشكل جلي. نتطرق هنا، وعلى عجل، إلى الصعوبة التاريخية التي تطرقنا إليها سابقًا وبشكل خالص. لماذا تخاطر الأغلبية الجديدة في هذا المجال -على وجه التحديد- بلغة بالكاد مختلفة، باتباع سياسة يبدو أنها حاربت منذ عقود؟ عندما كانت القوى التي دعمت حكومات الأمس، داخل المدرسة وخارجها، تميل إلى تقييد التدريس الفلسفي، لم يكن اهتمامها حظر أو قمع تسييس معين لا يمكن السيطرة عليه، من خلال مثل هذه الخطابات أو النصوص أو الموضوعات السياسية بالمعنى المقنّن للمصطلح مباشرة.

لعب هذا القلق السياسي دورًا مباشرا بلا شك، خاصة بعد 68، يمكننا أن نتذكر عديدا من الأدلة الجادة على ذلك. ولكن قبل كل شيء كانت هناك قيود قوية على السوق، والضرورات التقنية والاقتصادية، ومفاهيم معينة، والبعض الآخر قد يقول أيديولوجيا أو ببساطة فلسفة التكيف الفوري للإلحاحات الجلية للإنتاجية في المنافسة الوطنية والدولية.

باختصار، ليس هناك ما هو "طبيعي" أكثر من هذا المنطق التقني، وهو إنتاجوية ووضعية أيضًا. بالنسبة للفلسفة التي تدعمهم (إنها أيضًا فلسفة، وتقليد فلسفي عظيم، وفلسفة للفلسفة)، لا ينبغي أن يمتد تكوين الفلاسفة إلى حدّ معين من الدمقرطة، بما يتجاوز الطبقة الاجتماعية التي كان لها مونوبول احتكار الخطاب الفلسفي الملحوظ بسماته الخاصة. لم يكن توسيع هذا التكوين مربحًا، ولم يكن "فعّالًا-أدائيا" بما فيه الكفاية. أعني بتكوين الفلاسفة أن المواطنين (تلاميذا أو طلابا في المقام الأول، وأحيانًا مدرسين أو باحثين) قد تدرّبوا على صرامة التخصّص (كما ينبغي أن يكونوا في تخصّصات أو معارف أخرى)، ولكنهم أيضًا منفتحون عليه وعلى ما بعده من المساءلات أو التساؤلات الذي يصعب برمجتها.

ليبيراسيون: ماذا يحدث اليوم؟ هل نحن في وضع جديد حقًا، في هذا الصّدد على الأقل؟

جاك دريدا: لست متأكّدا. المشروع أو "الفكرة" الاشتراكية يجب أن تتقدم من خلال تناقضات جوهرية ومتعدّدة. على سبيل المثال، يجب أن تستجيب وتهرب من البرمجة التقنية والاقتصادية للسوق والإنتاج والإلحاحات الشديدة للمنافسة الوطنية والعالمية في وضعها الرّاهن. يجب على هذا المشروع أن يستجيب ولا يستجيب معا لقوانين هذه الآلية، وأن يرضيها ويحاول إزاحتها. تناقض لا مفر منه، يمكن تتبع آثاره في تفاصيل التسيير والخطاب الاشتراكيين. إنه ليس شرًا مطلقًا أو رذيلة أو حادثًا، لكن يوجد سبب للتفكير في هذا التناقض وتحليله، دون التعامل معه بالجهل أو الإنكار.

ليبيراسيون: هل تعتبر الندوة الوطنية حول البحث والتكنولوجيا التي نظّمها جان بيير شوفينمو مؤشرا في هذا الصدد؟

جاك دريدا: من حيث المبدأ، إنها مبادرة طيبة للغاية. كيف لا توافق عليها؟ ولكن مباشرة من بروتوكولاتها الرسمية وأعمالها التحضيرية الأولى، فنحن مدعوون لتسهيل "العبور" بين ضرورات التكنولوجيا أو الإنتاج (مفاهيم غامضة للغاية، أيًا كان ما قد يقوله المرء) ومن ناحية أخرى التعليم والعلم والثقافة (المفاهيم لا تقلّ إشكالية وغالبًا ما يتم أخذها كأمر مسلّم به اليوم بقدر ما هي عليه بالأمس). وهي مدعوة إلى "تكييف" "أساليب تكوين متعدّد التخصّصات" "مع الاحتياجات الجديدة للقطاع الاقتصادي والاجتماعي (الصناعة والزراعة...إلخ)". لا شيء أكثر شرعية، بالطبع، لا أكثر من ذلك، ولكن أين التجديد في فكرة العلم والثقافة والتكنولوجيا والبحث والتعليم؟ على الرغم من أننا نخطّط لزيادة ميزانيات معينة لحسن الحظ، لجعل الديمقراطية الاجتماعية والإنسانية أكثر فاعلية والتي ظلت بالأمس شكلية وغير كافية، فإن نظام التقييم

والأهـداف يظـلّ كمـا هـو، إلـى جانـب الخطـاب وفكـرة الثقافـة. ضـمن هـذه الاستمرارية، يمكن إحراز تقدم هائل بالطبع، وأنا مـن بيـن الـذين يريـدون ذلـك. لكن ألا يجب أن نتساءل عن هذه الاستمرارية ونجعل إمكانية هذا التساؤل فعالة في جميع المجالات؟ ألـم يكـن ذلـك باسـم الخطـاب نفسـه، "المقاطع" ذاتها، "التكيف" نفسه الذي أراده الناس ذات مرة لإخلاء الفلسفة، وكل شيء لا يفي بمعايير "الأداء" المنتج، لما يسمّى "احتياجات اجتماعية"؟ هذا المفهوم الأخير ملتبس تمامًا وهو المثال الأسمى. ما هي الحاجة الاجتماعية؟ من يعرّفها؟ ما هو التكيف مع الحاجة الاجتماعية المفترضة مسبقًا، خاصة للبحث والعلوم والثقافة والفلسفة من باب أولى وهي شيء آخر تمامًا؟

ليبيراسيون: نعم. لكـن لا يكفـي القـول إنه "شيء آخر تمامًا". ربما يكـون هـذا **الغموض الفني هو ما يغذّي الخطابات اللاذعة ضد الفلسفة؟**

جاك دريدا: أنت محق، لكنني لـن أرتجل هنا تعريفا للفلسفة. أقتصر فقط على الاهتمامات المباشرة المشتركة بيننا، وأودّ القول إن "الفلسفة" اليـوم تسـمّي شيئين على الأقل.

من ناحيـة، مـن الواضـح وجـود تقليـد غنـي جـدًا مـن النصـوص وكنـوز من الخطابات والحجاج والأسئلة (الانتقادات المسبقة، وما هو أكثر من الانتقادات بخلاف النقد فقط)، والميتافيزيقا والأنطولوجيات الإقليمية والسياسة ونظرية المعرفة بالمعنى الأوسع، إلخ. هذه العناصر من النظـام، أو هـذه الأدوات القوية ليست أدوات وتقنيات فقط على الرغم من أنها كذلك، ومـن الضـروري ضمان التقليد الذي لا غنى عنه. على هذا النحو، لا تندرج الفلسفة بالفعل ضمن العلوم الدقيقـة أو العلـوم الاجتماعيـة أو الإنسـانية التـي يعتقـد وزيـر البحـث أنه يتمكن عبرها من الرؤية أو الندم على "التأخير" (سؤال ضخم أذكره بشكل عابر فقط). إن الطـابع العلمـي والهـدف مـن هـذه العلـوم يُمثّـل أيضًـا أسـئلة للفلسفة. في

الماضي، كان أيضًا لإفساح المجال لـ "العلوم الإنسانية" التي أردنا تقليل أو اختزال تدريسها الفلسفيّ.

كما أن الفلسفة ليست مجرّد نشاط إنتاجي، بل يمكنني القول إن انتماءها ضمن ما يسمى "الثقافة" ليس بديهية لا تأتي من الذّات. دون الثورة ضدها، الفلسفة شيء آخر غير العلم والتكنولوجيا والثقافة. وفي هذه الحقول الأخيرة يمكننا المراهنة على أن طفرة لا تعلن عن نفسها لا تظهر على حدود الفلسفة. أفضّل القول "على الحدود"، على جانبي الحدّ الذي ينظر داخل الفلسفة وخارجها.

من ناحية أخرى أيضًا، يرتبط اسم الفلسفة بشكل صحيح بأيّ "فكر" لم يعد يسمح بتحديده، عن طريق الصّواب، من خلال البرامج التقنية العلمية أو الثقافية، التي تزعجهم أحيانًا وتساؤلهم وتؤكد، نعم! تؤكد خارجها، دون أن يعارضها بالضرورة أو يقيّدها في الوضع "النقدي". قيمة "النقد" ليست سوى واحدة من الاحتمالات الفلسفية، ولها تاريخها الخاص وجينيالوجيتها الخاصّة.

ما يسمّى، على سبيل المثال، "تفكيكا" لا يقتصر على واحدة من تلك العمليات النقدية المزعومة التي ألهمت -فضائلها وضرورتها التي لا جدال فيها- كلّ المنافحين عن الفلسفة، والفكر "النقديّ" أمام السّلطات الموجودة. ما يثير اهتمامي في هذا "التّفكيك" على وجه الخصوص ذلك الفكر الإيجابي، باعتباره ليس تقنيًا علميًا ولا ثقافيًا ولا فلسفيًا حتى، فإنه يحتفظ بألفة أساسية مع الفلسفيّ الذي يعمل به – بكلّ معنى الكلمة- في خطابه وكذلك في هياكله المؤسّسية والتربوية والسياسية، إلخ. يمكن العثور على هذا "الفكر" في جميع التخصّصات في العلوم والفلسفة، في التاريخ والأدب والفنون وبطريقة معينة في الكتابة، وممارسة أو دراسة اللغات دون الاستحواذ على الأداء التقني والاقتصادي. إذا كان كذلك، فهذا الفكر لا يحصى ويمثل الحد الأقصى للتكنوقراطية.

هذه الأسئلة الغريبة والهشّة على ما يبدو، هذه المسارات غير المعتادة التي يجب أن نمنحها الفرصة، ليست بالضرورة تكهّنات عقيمة. علاوة على ذلك، لماذا لا ندعهم يخاطرون باللاإنتاجية؟ يجب أن تعلم العقول المهتمة بالربحية القابلة للحساب أنه من خلال هذا التجوال الهامشي والعشوائي، يتم الإعلان عن الطفرات أحيانًا، وهو المستقبل المحدّد للاكتشاف الذي يأتي مقدّمًا للتصدّع بتوقيعه الماكينات الأكثر ثقلا وضمانا للبرمجة. كما نعلمه جيّدًا، فإن الأفكار غير المسموعة والاكتشافات العلمية السّاحقة بدت أحيانًا وكأنها ضربات غير متوقّعة أو رميات نرد أو ضربات قوّة.

ليبيراسيون: لكـن ألا يوجـد في النصـوص التحضيرية لنـدوة شـوفينمو نفسـها احتجاج على التكنوقراطية، حتى لو كان خجولًا جدًّا؟

جاك دريدا: بالتأكيد. وهـذا هـو السـبب في أنني لا أنتقـد هـذه النـدوة أو أشجبها، بل على العكس، أعرض عليها مساهمتي المتواضعة، كما ترون، حتى لو بدت متناقضة بعض الشيء. في هـذه النصـوص التحضيرية يضيع الاحتجاج على التكنوقراط وسط ترنيمة للإنسانوية الديمقراطية التقنية الأكثر تأكيدًا في شرعيتها وضرورتها وتفاؤلها وتقدّمها. حسنًا، كلّما كان هذا الخطاب أقوى، كلما بدا أنه لا يمكن دحضه، كلما احتجنا (هناك "حاجة"!) للتساؤل حول أسسه النهائية وحدوده وافتراضاته وتاريخه القديم والجديد، فلن نكون قادرين على القيام بذلك إلّا من أماكن بعيدة أو من لا- أماكن، من خلال خطابات والتفاتات الأقلية، غيـر العادية وغير المؤكّدة من قبولها الفوري، وفقًا لاستجوابات لا تسمح لهذا البرنامج القوي بالسيطرة عليها أو ترهيبها.

بالنسبة لي على الفلسفة أو "الفكر" بالأحرى، هذا اللاّ-مكان المتنقّل الذي يستمر فيه المرء أو يبدأ مرة أخرى، بشكل مختلف دائمًا، أن يسأل نفسه ما الذي تنطوي عليه التقنية في وضعية العلوم الدقيقة أم لا، قبـل كـل شـيء في الإنتاجية

خاصة. لا تتمتَّع هذه "الفلسفة" بموقع قابل للتخصيص في ندوة حول البحث والتكنولوجيا، وهذا ما يجب إدراكه. قد نطلق عليه تسمية العبور بين "الأعمال المتعدّدة لنظام فلسفي أو تاريخي أو اجتماعي أو اقتصادي أو سياسي"، لكنه لا ينتمي إلى سلسلة مثل هذه البحوث.

ليبيراسيون: إذًا هل بنية الجامعة والتعليم العالي هو ما يحتاج إلى المساءلة؟

جاك دريدا: يجب أن تكون هناك مهمة متناقضة، متناقضة على ما يبدو لكنها حيوية، إنشاء مؤسسات تترك فضاء ومتنفسًا لما ليس له وجه محدّد بعد. أنا لا أشير فقط إلى الفلسفة بالشكل الذي ندركه فيها كنظرية للعلم أو نظرية المعرفة، كنظام يتعامل مع أسس العلم أو التقنية أو السياسة أو الإتيقا. هذه هي الفلسفة، بالطبع، لكن "فكرا" معينا، فلسفيا بخلاف ذلك، يمكن أن يشكّك أيضًا في جينيالوجيته وفي افتراضاته المسبقة عن الأصولية ذاتها، وحتى التسلسل الهرمي الأنطولوجي الموسوعي (الأنطولوجيا العامّة أو الأساسية، الأنطولوجيات الإقليمية والمعارف والإيجابيات، وما إلى ذلك) وهو طلب أساسي.

لقد بنى هذا التسلسل الهرمي نموذج الجامعة الذي ما زلنا نعيشه منذ بداية القرن التاسع عشر، فدعونا لا ننسى ذلك. اليوم، هذا النموذج في حدّ ذاته ضعيف للغاية، وأعتقد أنه لا رجوع فيه. كل الجمعيات الشرقية والغربية، تتركه أو تقتله لصالح مؤسسات بحثية أكثر "كفاءة" (من وجهة نظر التكنولوجيا العلمية والصناعية والعسكرية دائمًا)، والتي تعتمد بشكل أكبر على التعليم وتنقطع عن أي تعليم. سيكون من الضروري التوقف بإسهاب عند هذا التطور، وطبعا لا يمكننا القيام بذلك هنا. باختصار، ستكون المفارقة كما يلي: وفقًا للنموذج الذي يمكن تسميته "حديثًا" منذ بداية القرن التاسع عشر الأوروبي، وقبل كل شيء النموذج الألماني، تمثل هذه الجامعة بشكل غير مباشر عقلانية دولية قديمة

24

مدانـة، لكنهـا يمكـن أن تصبـح، بفضـول حتـى في شيخوختها، نوعـا مـن ملاذ لليبرالية، بمعنى أنه يمكن للمرء أيضًا التحدّث عن "الفنون الليبرالية"، ربما، حلّ احتياطي وطارئ للفكر الـذي لا يـزال يرغـب في الهـروب مـن التخطيط المقيّد الذي تحدثنا عنه حاليا، والذي يكتسب جميـع أماكن البحـث (مـا أطلـق عليـه في زمـن كـانط نـزاع الكليـات والأكاديميـات والجمعيـات العالمـة مـع القليلـة والهامشية).

لا أعتقد أنه يتعين علينا أخذ أحد الخيارين. على الرغم من أنهما قد يبدوان متناقضين، إلا أنهما ينضمّان معًا إلى النظام نفسه. لا! سيكون مـن الضروري إعادة بناء جميع العلاقات (بـل وأحيانًا قطع جميع العلاقات) بيـن الدولـة مـن أعلـى إلـى أسـفل، وفي شكلها المؤسّسي أو لا، المعرفة والتكنولوجيا والثقافة والفلسفة والفكـر. ربمـا يحدث ذلك، حتى لـو لم يكـن واضحًا جدًا. ولكـن للحديث عن ذلك، يجب أن نتذكّر على الأقل التاريخ الكامـل لهـذه الإشكالية بجدية، وأن نعيد قراءة صراع الكليات من بين أشياء أخرى، وإعادة كتابته بشكل مختلف تمامًا اليوم، وإعادة كتابته بشكل مختلف تمامًا أفضـل وأسوأ ممّا عند كانط وشلايرماخر وهيجل وهومبولدت وفيخته وشيلينغ، ولكـن أيضا كـوزان وهيدجر وعدد قليل من الأشخاص الآخرين ممـن ورثوا هـذه الموضوعات. لا يزال يتعين علينا المزيد من الزمن والوسائل.

هل هناك لغة فلسفية؟[1]

جاك دريدا

لقد اقترحتم مرارًا وتكرارًا أن النص الفلسفي يجب أن يؤخذ على هذا النحو، قبل أن يتم تجاوزه نحو الفكر الذي يحمله. وبالتالي، فقد دفعتم قراءة النصوص الفلسفية بنفس عدسة قراءة النصوص التي تُعدّ "أدبية" عمومًا، وتناول الأخيرة في الإشكاليات الفلسفية. هل هناك كتابة فلسفية محددة، وكيف تختلف عن غيرها من أشكال الكتابة؟ ألا يصرفنا الاهتمام بالأدبية عن الوظيفة البرهانية للخطاب الفلسفي؟ ألا يخاطر هذا بمحو خصوصية الأنواع، وإخضاع جميع النصوص للإجراء ذاته؟

جاك دريدا: كل النصوص مختلفة. يجب ألا نحاول إخضاعها لـ "الإجراء ذاته" دائما. لا تقرأها أبدًا "بالعين نفسها". كل نص يدعو، إذا جاز التعبير، "عينا أخرى". من المسلم به أنه يستجيب أيضًا وإلى حد ما لتوقع مشفر ومحدد، إلى عين وأذن تسبقهما وتمليهما بطريقة ما أو توجههما. ولكن بالنسبة لبعض النصوص النادرة، تميل الكتابة أيضًا، كما يمكن للمرء، إلى رسم بنية

---

(1) *Autrement Revue*, n° 102: «À quoi pensent les philosophes?», dirigé par J. Message, J. Roman et E. Tassin, Paris, novembre 1988.

تحرير ج. ميساج (J. Message)، ج.رومان (J. Roman)، وإ.تاسين (E. Tassin)، باريس، نوفمبر 1988. هذا اللقاء عبارة عن مدخل إلى "إعادة التفكير في النصوص التي شكلتها كتقليد، تجد الفلسفة نفسها مرتبطة بالكتابة بشكل من الأشكال. فماذا عن حدود إغلاق الخطاب الفلسفي؟ هذا ما كتبه جاك دريدا في أربعة ردود."

وفيزيولوجيا للعين التي لم توجد بعد والتي يقصد بها حدث النص، والتي تبتكر أحيانًا وجهتها، بقدر ما تستقر عليه. ما هو النص الموجّه؟ وإلى أي مدى يمكن تحديد ذلك، من جانب "المؤلف" أم من جانب "القراء"؟ لماذا تظلّ "لعبة" معينة غير قابلة للاختزال أو لا غنى عنها في هذا التحديد بالذات؟ هناك أيضا أسئلة تاريخية واجتماعية ومؤسسية وسياسية.

للالتزام بالأنواع التي ذكرتها، لم أستوعب أبدًا ما يسمَّى بالنص الفلسفي وما يسمَّى بالنص الأدبي. يبدو أن الاختلاف بينهما غير قابل للاختزال بالنسبة لي. فلا تزال معرفة الحدود بين هذين النوعين الاثنين أكثر تعقيدًا (على سبيل المثال لا أعتقد أنهما نوعان، كما تقترح) وقبل كل شيء أقل طبيعية أو غير تاريخية أو معطاة مما نقول أو نعتقد. يمكن أن يتشابك النوعان في المدونة نفسها وفقًا للقوانين والأشكال التي لا تكون دراستها مثيرة للاهتمام وجديدة فحسب، بل ضرورية إذا كان المرء لا يزال يريد الإشارة إلى هوية شيء ما على أنه "خطاب فلسفي" يعي ما نتحدث عنه. ألا يجب أن نهتم بالاتفاقات والمؤسسات والتأويلات التي تنتج أو تحافظ على جهاز القيود والتحديدات، مع كل المعايير وبالتالي كل الاستثناءات التي تسببها؟ لا يمكن للمرء أن يتعامل مع هذه المجموعة من الأسئلة دون أن يسأل نفسه من وقت إلى آخر: "ما هي الفلسفة؟" و"ما هو الأدب؟"

هذه الأسئلة صعبة وأكثر انفتاحًا من أي وقت مضى، فهي في حد ذاتها، بحكم تعريفها، وإذا تمت متابعتها بفعالية على الأقل، ليست مجرد أسئلة فلسفية وأدبية فحسب. سأقول الشيء نفسه، في الحالة الأخيرة، بالنسبة للنصوص التي أكتبها على الأقل، بقدر ما يتم العمل عليها أو يمليها اضطراب هذه الأسئلة. وهذا لا يعني تخلّيهم عن الحاجة إلى التظاهر -آمل ذلك على الأقل- بأكبر قدر ممكن من الدقة، حتى لو لم تعد قواعد البرهان موجودة باستمرار، ولا هي موجودة قبل كل شيء، كما هو الحال في ما تسميه "الخطاب الفلسفي". حتى

داخلها، كما تعلمون، فإن أنظمة البرهنة إشكالية ومتعددة ومتحركة. هم أنفسهم يشكلون الموضوع الثابت لتاريخ الفلسفة بأكمله. يندمج الجدل الذي نشأ حول موضوعهم مع الفلسفة نفسها. هل تعتقد بالنسبة لأفلاطون أو أرسطو أو ديكارت أو هيجل أو ماركس أو نيتشه أو برغسون أو هايدجر أو ميرلوبونتي، أنه يجب أن تكون قواعد البرهان هي نفسها؟ والحديث قياس في اللغة والمنطق والبلاغة؟

ليس اختزال "الخطاب الفلسفي" في الأدب، لتحليله في شكله وأنماط تكوينه وبلاغته واستعاراته ولغته وتخييلاته وكل ما يقاوم الترجمة،...إلخ. إنها مهمة لا تزال فلسفية إلى حدّ كبير، حتى إن لم تظل فلسفية من خلال وعبر دراسة هذه "الأشكال" التي هي أكثر من أشكال، بالإضافة إلى الطرائق التي تؤول الشِّعر والأدب وفقًا لها، وإسنادها لوضع اجتماعي وسياسي، سعيا لاستبعادهم من جسدها الخالص، ادعت المؤسسة الأكاديمية للفلسفة استقلاليتها الخاصة، ومارست الإنكار فيما يتعلق بلغتها الخاصة، لما تسمّيه الأدبية والكتابة بشكل عام، سوء فهم معايير خطابه الخالص، والعلاقة بين الكلام والكتابة، وإجراءات تقنين النصوص الرئيسية أو النموذجية، إلخ. أولئك الذين يحتجّون على كل هذه الأسئلة يزعمون حماية سلطة مؤسسية للفلسفة، لأنها وصلت إلى طريق مسدود في لحظة معينة. من خلال حماية أنفسهم ضدّ هذه الأسئلة، وضد التحولات التي يدعون إليها أو يفترضونها مسبقًا، هم يمارسون حماية المؤسسة أيضًا ضد الفلسفة. من وجهة النظر هذه، بدت لي دراسة بعض الخطابات، مثل خطابات نيتشه أو فاليري على سبيل المثال أمرا مثيرا للاهتمام، والتي تميل إلى اعتبار الفلسفة نوعًا من الأدب. لكنني لم أشترك فيه مطلقًا. أولئك الذين يوجهون لي تهمة اختزال الفلسفة في الأدب أو المنطق في البلاغة (انظر على سبيل المثال كتاب هابرماس الأخير، **الخطاب الفلسفي للحداثة**، الترجمة الفرنسية عن غاليمار، 1988) فقد تجنبوا قراءتي بشكل واضح وحذر.

بالمقابل، لا أعتقد أن الأسلوب "البرهاني" أو حتى الفلسفة بشكل عام غريبان عن الأدب. مثلما توجد أبعاد "أدبية" و"تخييلية" في كل خطاب فلسفي (و"سياسي" للغة بأكملها، فإن السياسة العامة تكون محمية هناك)، لذلك هناك فلسفات تعمل في أي نص يُعرَّف بأنه "أدبي"، وبالفعل في المفهوم الحديث كليًا لـ "الأدب".

هذا التفسير بين "الفلسفة" و"الأدب" ليس مجرد مشكلة عويصة أحاول شرحها على هذا النحو، بل هو ما يتخذ في نصوصي شكل كتابة تحاول، كي لا تكون أدبية ولا فلسفية بحتة، ألّا تضحّي بالبرهنة بالتمظهر ولا بالأطروحات ولا بالتخييلية أو بشاعرية اللغة.

باختصار، للإجابة عن الرسالة ذاتها التي وردت في سؤالك، لا أعتقد أن هناك "كتابة فلسفية خاصة"، كتابة فلسفية واحدة حيث نقاؤها دائمًا في نفسها وتكون محمية من كل أنواع التلوث. لهذا السبب الهائل وقبل كل شيء: يتم التحدث بالفلسفة وكتابتها بلغة طبيعية، وليس بلغة عالمية يمكن إضفاء الطابع الرسمي عليها تمامًا. بعد قولي هذا، وضمن هذه اللغة الطبيعية وفي استعمالاتها، فرضت أنماط معينة نفسها بقوة (وهناك توازن قوى هنا) باعتبارها فلسفية. هذه الأنماط متعدّدة ومتضاربة ولا يمكن فصلها عن المحتوى نفسه وعن "الأطروحات" الفلسفية. النقاش الفلسفي هو أيضًا صراع لفرض صيغ خطابية وإجراءات توضيحية وتقنيات بلاغية وتربوية. في كل مرة عارضنا فيها فلسفة ما، لم يكن ذلك من خلال الطّعن فقط في الطابع الفلسفي الأصيل والصحيح لخطاب الآخر.

يبدو أن أعمالكم الأخيرة تتميز باهتمام متزايد بمسألة التوقيع واسم العلم. ما هو وزن هذا السؤال في مجال الفلسفة، لطالما اعتبرنا الإشكالات غير شخصية، وأسماء العلم بالنسبة للفلسفة هي رموز هذه الإشكالات؟

جاك دريدا: منذ البداية، كان على مشكلة جديدة تتعلق بالكتابة أو الأثر أن تتواصل، بطريقة ضيقة وضرورية للغاية، مع مشكلة اسم العلم (إنه بالفعل

موضوعي ومحوري في **الغراماتولوجيا**) والتوقيع (خاصة في **هوامش الفلسفة**). هذا أكثر أهمية لأن هذه الإشكالية الجديدة للأثر تنطوي على تفكيك بعض الخطابات الميتافيزيقية حول الذات المكونة بكل السمات التي تميزها تقليديًا: الهوية الذاتية والوعي والنية والحضور أو القرب من الذات والاستقلالية الذاتية والعلاقة بالموضوع. لذلك كان الأمر يتعلّق بإعادة وضع أو إعادة كتابة الوظيفة المزعومة للذات، أو، إن كنت ترغب في ذلك، في إعادة صياغة فكر للذات لا يكون دوغمائيًا أو تجريبيًا، ولا نقديًا (بالمعنى الكانطي) أو فينومينولوجيا (بالمعنى الديكارتي–الهوسرلي). لكن في الوقت نفسه، مع الأخذ في الاعتبار الأسئلة التي يطرحها هايدجر على ميتافيزيقا الذات (subjectum) كدعم للتمثلات وما إلى ذلك، وبدا لي أن التفاتة هايدجر هذه تتطلب أسئلة جديدة.

وعلى الرغم من التعقيدات التي حاولت أخذها بعين الاعتبار، فإن هايدجر غالبًا ما يعيد إنتاج (على سبيل المثال في حديثه عن"نيتشه") الالتفاتة الكلاسيكية والأكاديمية التي تتمثل في فصل القراءة "الداخلية" للنص أو "الفكر"، وحتى القراءة المحايثة للنسق من ناحية، عن "السيرة الذاتية" التي تظلّ في الأساس ملحقة وخارجية من ناحية أخرى. هذه هي الطريقة المتبعة في الجامعة بشكل عام، إلى جانب نوع من السّرد الكلاسيكي، للـ "متخيل" أحيانًا لـ "حياة الفلاسفة العظماء"، بقراءة فلسفية منهجية، أو حتى بنيوية، التي ننظّمها إمّا حول حدس فريد ولامع (نموذج مشترك بين برغسون وهايدجر)، أو حول "تطوّر" – على مرحلتين أو ثلاث من الزّمن.

حاولت تحليل الافتراضات المسبقة لهذه المبادرة وبدء التحليلات حول الحدود والتخوم والأطر والتهميشات من جميع الأنواع التي أُذن لها عمومًا بهذه الانفصالات. يبدو لي أن الأسئلة المتعلقة بالتوقيع واسم العلم تساعد على إعادة التفصيل. التوقيع بشكل عام ليس داخليًا *ببساطة* بالنسبة إلى جوهر النص الموقّع (المدوّنة الفلسفية على سبيل المثال)، ولا خارجيا *ببساطة* أي قابلا

للفصل. في كلّ من هاتين الفرضيتين، ستختفي كتوقيع. إذا كان توقيعك لا ينتمي بطريقة معينة إلى المساحة نفسها التي وقّعت عليها والتي تم تحديدها بوساطة نظام رمزي من الاصطلاحات (الرّسالة أو البطاقة البريدية أو الصّك أو أي شهادة أخرى)، فليس له قيمة التزام. من ناحية أخرى، إذا كان توقيعك محايثا في النص المُوقَّع، ومسجّلاً فيه كأحد أجزائه، فلن يكون له القوة التنفيذية للتوقيع. في كلتا الحالتين (خارجيًا أو داخليًا)، يمكنك الإشارة إلى اسمك أو ذكره ببساطة، وهو ليس توقيعًا. التوقيع ليس بالداخلي ولا بالخارجي. إنه يقع على حدّ يحدده نظام وتاريخ من الاتفاقات؛ ما أفتأ أستفيد بسرعة من هذه الكلمات الثلاث: النظام والتاريخ والاتفاق، لكن لا يمكن لأحد أن يعتمدها دون سؤال عن الإشكالية التي أتحدّث عنها.

لذلك كان الاهتمام بهذه المشاكل ضروريا: "الاتفاق" و"التاريخ" للطوبولوجيا والحدود والتأطير، ولكن المسؤولية والقوة الأدائية أيضًا. كان من الضروري أيضًا إخراجهم من المعارضات أو البدائل التي تحدّثت عنها للتو. كيف يعمل التوقيع؟ الأمر معقد ومختلف دائمًا على وجه التحديد، من توقيع ومن لغة إلى أخرى، لكنه كان الشرط الذي لا غنى عنه لإعداد وصول صارم إلى العلاقة بين النص و"مؤلفه"، النص وظروف إنتاجه سواء كانت سير نفسية كما قلنا أو سير سوسيو- تاريخية-سياسية. هذا ينطبق بشكل عام على أي نص وأي "مؤلف"، ولكنه يتطلب بعد ذلك عديدا من المواصفات اعتمادًا على أنواع النص التي يتم النظر فيها. لا تمر الفروق بين النصوص الفلسفية والأدبية فحسب، بل تمر أيضًا ضمن هذه الأنواع، وفي حدود - حدود المصطلح - بين جميع النصوص، التي يمكن أن تكون قانونية وسياسية وعلمية أيضًا (ومختلفة في "مناطق" مختلفة،...إلخ.). في رسم هذا التحليل، على سبيل المثال، من جانب هيجل أو نيتشه، من جينيه وبلانشو، من أرتو وبونج، اقترحت عددًا معينًا من البديهيات العامة، بينما أحاول مراعاة اصطلاح أو الرغبة في التعبير

الاصطلاحي في كل حالة. أذكر هذه الأمثلة هنا لأن العمل المتعلـق بالتوقيع يمر أيضًا من خلال اسم العلم بالمعنى العادي، أعني الاسـم العائلي (اسم الأسرة) بالشكل الذي نقلته للتو. لكن دون أن أتمكن من إعادة تشـكيل هـذا العمـل هنا، أود توضيح بعض النقاط وذكر بعض الاحتياطات.

أ.‏   حتى عندما تتعرض دلالة اسم العلـم، في شكله العـام والقـانوني، بهـذا التحليل للتوقيع، فلا يمكن اختزال الأخير فيه. لـم يتألف مـن مجرد كتابة اسمه العلم. هذا هو السبب في أن الإشارات إلى الدال على اسم العلم، في نصوصي، حتى لو بدا أنها تشغل مقدمة المشهد، تظل أولية وذات أهمية محدودة أساسًا: في كثير من الأحيـان، أضـع علامـة على عدم ثقتي فيما يتعلق بالألعاب السهلة أو المسيئة أو المتوافقة التي قد يؤدي إليها ذلك.

ب. لا يتم الخلط بالضرورة بين "اسم العلم" وبين ما نطلق عليه عادة اسم الأب أو العائلة الرسمي والمسجل في الحالة المدنية على هذا النحو. إذا أطلقنا على "اسم العلم" مجموعة مفردة مـن العلامـات والسِّمات والتّسميات، التي يمكن لشخص ما أن يحدّدها بنفسه أو يطلقها على نفسه أو دون أن يختارها أو يحدّدها بنفسه تمامًا، فإنك تـرى الصعـوبة في ذلك. ليس من المؤكد أبدًا أن تأتي هذه المجموعـة معًا، وأن هنـاك واحدة فقط لا تبقى سرية بالنسبة للبـعض، حتى بالنسبة لـ "وعي" مرتديها، إلخ. ما يفتح مجالا هائلا للتحليل.

ج. لذلك يبقى أحد الاحتمـالات مفتوحًـا: أن اسـم العلـم غير موجود في نقـاء تـام وأن التوقيع يظل مستحيلًا تمامًا في نهاية المطاف، إذا كان أحـدهم عـلى الأقـل لا يـزال يفترض أن اسـم العلـم يجـب أن يكـون مناسبًا تمامًا، وتوقيعًا مستقلًا تمامًا (حرًّا) واصطلاحيًا بحتًا. إذًا، ولأسباب أحاول تحليلها، لـم يكن هناك تعبير اصطلاحي خالص

أبدًا، على أي حال لا يوجد تعبير اصطلاحي يمكنني أن أعطيه لنفسي أو أبتكره في نقائه، ثم يترتب على ذلك أنَّ مفهومَيْ التوقيع واسم العلم، دون أن يتم تدميرهما، يجب إعادة صياغتهما. يبدو لي أن إعادة الصياغة يمكن أن تؤدّي إلى ظهور قواعد جديدة، لإجراءات قراءة جديدة، خاصة فيما يتعلق بعلاقات "المؤلف" الفيلسوف مع نصه، والمجتمع، ومؤسّسات التدريس والنشر، والتقاليد والموروثات، لكنني لست متأكدًا من أن هذا يمكن أن يؤدي إلى ظهور نظرية عامة للتوقيع واسم العلم، على النموذج الكلاسيكي للنظرية أو الفلسفة (ميتا-لغة قابلة للتشكيل والملاحظة والموضوعية). لأنه، للأسباب ذاتها التي ذكرتها للتو، يجب توقيع هذا الخطاب الجديد حول التوقيع واسم العلم مرة أخرى، وأن يتضمن في حد ذاته علامة للعملية الأدائية التي لا يمكن للمرء أن يزيلها بالكامل وبكل بساطة. هذا لا يؤدّي إلى النسبية بل يطبع انحناءً آخر للخطاب النظري.

لقد سجّلت أعمالكم تحت مسمّى "التفكيك" معارضة لموضوع التقويض الهايدجري صراحةً. من "الانسحاب" إلى "الخطوة"، ومن "البطاقة البريدية" إلى "الإرسال"، ومن "الهوامش" إلى "الحواف"، ينسج التفكيك شبكة متزايدة الضيق من الأسماء التي ليست مفاهيما ولا استعارات، ولكنها تبدو معالم أو إشارات. هل النشاط التفكيكي مماثل لنشاط مسّاح الأراضي أو المهندس المسّاح؟ هل هذا "التخصيص" للعلاقة بالتقاليد لا يعزّز فكرة "إغلاق" هذا التقليد، على حساب تصوّر أكثر تمايزًا لتعدّد البنوة؟

جاك دريدا: نعم، لطالما تميزت العلاقة بين "التفكيك" و"التقويض" الهايدجري، لأكثر من عشرين عامًا، بالأسئلة والإزاحات وحتى بالنقد كما نقول

أحيانًا، وقد تذكّرت هذا كما جاء في إحدى المرات في افتتاحية كتابي في **الرّوح** (جاليلي، 1987)، ولكنه كان كذلك بالفعل منذ **الغراماتولوجيا** سنة 1967.

تظلّ أفكار هايدجر بالنسبة لي واحدة من أكثر الأفكار صرامة واستفزازًا وضرورية في هذا الزمن. سأسمح لنفسي أن أتذكر هذين الأمرين لأقول كم هي صادمة ومثيرة للسخرية كل تلك التصنيفات التي أجدها مبسّطة، التجانسات السّريعة التي انخرط فيها البعض خلال الأشهر القليلة الماضية (أنا لا أتحدث فقط عن الصحف). تهدّد هذه الإساءات والفظاظة بالظلامية نفسها، وهذا التهديد أخلاقي كما هو سياسي، ناهيك عن الفلسفة نفسها.

لتوظيف كلماتك، إذا تم اختزال "الشبكة" التي تستحضرها، ليس في نسيج من المفاهيم أو في نسيج من الاستعارات، فأنا لا أعرف ما إن كانت تتكوّن فقط من "نقاط مرجعية" أو "إرشادات". كنت سأغريك بسؤالي عما تعنيه بذلك. يبدو أن الجملة التالية في سؤالك، تشير إلى أنك تفضل بهذه الكلمات العلاقة بالفضاء، وفي الفضاء، بتجربة "مساح الأراضي" أو "خبير العقار". لكنك تعلم جيدًا أن الخبير بعلم الهندسة لم يعد "مسّاحًا" (**أصل الهندسة**، بقلم هوسرل، الترجمة والمقدمة، PUF، 1962)، وأن تجارب عدة للفضاء كانت موجودة هناك.

لكن أودّ أولاً العودة إلى سؤال المفهوم والاستعارة الذي أشرت إليه للتو. أذكر توضيحين: لم أحصر المفهوم أبدًا في الاستعارة أو المنطق بالبلاغة كما اتهمني به هابرماس مؤخرًا (أكثر في الفلسفة منه إلى الأدب، كما قلنا سابقًا). هذا مذكور بوضوح في عديد من المواضع، ولا سيما في "الميتولوجيا البيضاء" (**هوامش**، مينوي، 1972)؛ حيث أقترح "منطقًا" مختلفًا تمامًا للعلاقة بين المفهوم والاستعارة. يجب أن أقنع نفسي بالإشارة إليه هنا. مهما كان انتباهي للأسئلة وتجربة الفضاء – سواء كان **أصل الهندسة** أو الكتابة أو التشكيل أو الرسم (**الحقيقة في الرسم**، فلاماريون، 1978) – لا أعتقد أن "التماسف أو التنائي" أن أتحدث عن مجرد "مكاني" أو "فضائي". إنه بلا شك يجعل من الممكن إعادة

الاعتبار، إذا جـاز التعبير، للمكانيـة التـي أخضعتها بعـض التقاليـد الفلسفية، وجعلتها ثانوية، بل وتجاهلتها. ولكن، من ناحية أخرى، فإن "التنائي" يشير أيضًا إلى أن يصبح فضـاء الـزمن نفسه؛ يتدخل مـع إرجـاء في حركـة تأجيل زمني (temporalisation)؛ قد يقول المرء أن التنائي هو الزمن أيضًا. من ناحية أخرى، لا يمكن اختزاله كفترة تفاضلية غير قابلة للبتّ، فإنه يكسر الحضور والهوية الذاتية لكلّ الحضور، مع كل العواقب التي يمكن أن تترتّب على ذلك. يمكن متابعتهم في كثير من المجالات المختلفة.

أعترف الآن أنني لا أرى جيدًا كيف لهذه الحركة، والتي ليست "تحييزا" (spatialisation) بالتأكيـد، أن تشـير إلـى "إغـلاق" "التقليـد". يشـير التباعـد التفاضلي، على العكس من ذلك، إلى استحالة أيّ إغلاق. أما بالنسبة لـ "تعدّدية البنوة"، والحاجة إلى "تصور أكثر تمايزًا"، فسيظل هذا "موضوعي" دائمًا بطريقة ما، لا سيما تحت اسم التشظي والتناثر. إذا أخذنا عبارة "تعدّد النسل" في رسالته العائلية، فإنها تكاد تكون "الموضوع" حتى في التشظي وصيدلية **أفلاطون** وخاصة **نواقيس والبطاقة البريدية**. إذا أخذنا الأشياء عـن قـرب أو عـن بعد (أحـاول فهم الـدافع الخفي لسؤالك)، فقـد ميّـزت دائمًا "إغـلاق" النهاية (الغراماتولوجيا) وغالبًا ما ذكرت أن التقليد لم يكن متجانسًا (ومـن هنا يتولّد اهتمامي بـ جميع النصوص غير الشّرعية التي تزعزع استقرار التمثيل الذي قدّمه تقليد مهيمن عن نفسه). لقد قلـت في كثير مـن الأحيـان إلـى أي مـدى تبـدو لي إشكالية فكرة الميتافيزيقا والمخطط الهايدجري لأهمية ايبوخيه الكينونة، أو الوحدة الموحّدة لتـاريخ الوجـود، حتى لـو كـان مـن الضـروري أخذ هـذا "التأويـل الـذاتي" بعـين الاعتبـار في مطالبتـه أو رغبتـه أو حـدّه أو فشـله. أضع "الذاتيـة" بـين علامتـي تنصيص، لأنها دائمًا عن هذه الهوية وقبل كل شيء هي هذه الهوية الذاتية، تلك القوة المتناسلة من الانعكاسية الشفافة أو الشاملة أو الكلية التي أصبحت موضع تساؤل هنا.

تركّز أبحاثكم الأخيرة على "القومية الفلسفية". كيف تبدو لكم اللغة وهي تشكل هوية ما؟ هل توجد فلسفة فرنسية؟

جاك دريدا: من الواضح أن الأمر كله يعتمد على ما نعنيه باللغة. وأيضًا، اعذرني، "بالهوية" و"بالتكوين". إذا كنتم، كما أعتقد، تفهمون الهوية ما يعني هوية "القومية الفلسفية" أو على نطاق أوسع لتقليد فلسفي، فإنني أقول إن اللغة، بالطبع، تلعب دورًا مهمًا للغاية فيها. تجد الفلسفة عنصرها فيما يسمى باللغة الطبيعية. لم تكن قادرة أبدًا على صياغة نفسها بالكامل بلغة اصطناعية، على الرغم من بعض المحاولات الرائعة في تاريخ الفلسفة. ومن الصّواب أيضًا أن هذه التشكيلة هي في العمل دائمًا، وإلى حدّ ما (وفقًا للقوانين الاصطناعية التي تشكّلت في سياق التاريخ).

هذا يجعل اللغة أو اللغات الفلسفية قابلة للتحديد إلى حدّ ما ومتماسكة في اللغات أو بالأحرى استخدامات اللغات الطبيعية. ويمكن للمرء أن يجد تكافؤًا وترجمات ثابتة بين هذه المجموعات الفرعية من لغة طبيعية إلى أخرى. وهكذا يمكن للفلاسفة الألمان والفرنسيين الرجوع إلى اتفاقات قديمة ومستقرّة إلى حدّ ما لترجمة استخداماتهم الخاصّة لكلمات معينة ذات محتوى فلسفي عظيم. لكنكم تعلمون جميعًا المشكلات التي تثيرها ولا يمكن تمييزها عن النقاش الفلسفي نفسه.

من ناحية أخرى، إذا لم نفكّر ببساطة خارج كل اللغات وكل الألسنة (وهو اقتراح يجب أن يكون مصحوبًا باحتياطات عديدة مع ذلك، وهو ما لا يمكنني القيام به هنا)، إذًا، لا تتشكل الهوية بالطبع، والهوية الوطنية قبل كل شيء، في الفلسفة خارج عنصر اللغة.

بعد قولي هذا، لا أعتقد أنه يمكن للمرء إنشاء تطابق بسيط بين التقليد الفلسفي الوطني واللغة، بالمعنى العادي لهذا المصطلح. إن ما يسمى بالتقاليد "القارية" والأنجلوسكسونية (أو الفلسفة التحليلية)، لاستخدام تسميات ضخمة

وفجّة، يتم تقاسمها بالتساوي، وبشكل غير متساوٍ للغاية، مع الإنجليزية والألمانية والإيطالية والإسبانية، إلخ. إن "اللغة" (أعني الشفرة الفرعية) للفلسفة التحليلية أو لهذا التقليد أو ذاك (الأنجلو أمريكية: أوستن؛ أوسترالو-أنجلو-أمريكية: فيتجنشتاين) منخرطة في علاقة تحديد مفرط فيما يتعلق باللغة. تسمى القومية نفسها ويتحدث بها مواطنو دول مختلفة (إنجليزية الأمريكيين، وفرانكوفونية غير الفرنسيين). وهذا يفسر لماذا يتطور أحيانًا، خارج ما يسمى باللغة الأصلية (للنص الأصلي)، تقليد القراءة الذي يظلّ من الصعب إعادة استيعابه من قبل الأشخاص الذين يتحدّثون أو يعتقدون أنهم يتحدثون هذه اللغة الأصلية. هذا صحيح من نواحٍ مختلفة جدًا بالنسبة لفتجنشتاين وهايدجر. تواجه "قراءات" أو "استقبالات" هايدجر مقاومة كبيرة في ألمانيا (مثل هايدجر في حد ذاته، ولأسباب ليست سياسية فقط). أما بالنسبة للمتخصصين الفرنسيين حول فتجنشتاين، فلا الناطقين بالألمانية ولا الناطقين بالإنجليزية مهتمون بها كثيرًا، دون أن يكون من الممكن القول إنهم يقاومونها.

إذًا، هل هناك فلسفة فرنسية؟ لا! وأقل من أي فترة مضت إذا أخذنا في الاعتبار عدم التجانسية، والصراعية أيضًا، وهو ما يميز كل ما يسمى بالمظاهر الفلسفية: المنشورات، والتعاليم، والأشكال والمعايير الخطابية، والرّوابط بالمؤسسات، والمجال السوسيو-السياسي، والسلطة الإعلامية. حتى أنه سيكون من الصعب إنشاء تصنيف لذلك؛ وأيّ محاولة للتصنيف تفترض مسبقًا تفسيرا محدّدا من شأنه أن ينحاز إلى أحد أطراف النزاع. ستواجه على الفور عداء متوقعًا من كل جانب تقريبًا. أيضًا، على الرغم من أن لديّ فكرتي الخاصة حول هذا الموضوع، إلا أنني لن أجازف بها الآن. من ناحية أخرى، على الرغم من كل النقاشات والمعارك حول "المواقف" أو "الممارسات" الفلسفية، من يستطيع أن ينكر وجود تشكيل للفلسفة الفرنسية؟ على الرغم من تعاقب الهيمنات تاريخيا وحركية التيارات المهيمنة، حيث يشكل هذا التكوين تقليدًا،

أي عنصرًا يمكن التعرف عليه نسبيًا من النقل والذاكرة والتراث. أثناء تحليلها، سيكون من الضروري مراعاة عدد كبير جدًا من المعطيات التي غالبا ما تكون قابلة للتحديد بشكل مفرط: تاريخية ولغوية واجتماعية، من خلال مؤسّسات محدّدة للغاية (ليست الخاصة بالتعليم والبحث فقط)، دون أن تنسى رأس المال الفلسفي كما يسمونه إن وجد! من الصعب جدًا والحارق جدًا بالنسبة لي المغامرة هنا في بضع جمل.

أعتقد أن هوية الفلسفة الفرنسية لم يتم اختبارها بشدة كما هي اليوم. تظهر علامات توتر السلطة الجامعية في هيئاتها الرسمية وغالبًا بالطريقة نفسها التي تظهر بها عدوانية صحفية معينة. لنأخذ مثالًا واحدًا فقط، سأستشهد بالحظر الذي فُرض مؤخرًا من قبل (CNU) [1] على لاكولابارث ونانسي، أي على الفلاسفة الذين تم الاعتراف بعملهم واحترامهم في فرنسا وخارجها لسنوات عديدة، ليصبحوا أساتذة جامعيين.

أحيانًا ومن خلال هذه العلامات السخيفة للحرب التي لا تشلّ شيئًا في النهاية سوى ما هو خامل ومشلول بالفعل، فإن "المحنة الشديدة" التي كنت أتحدّث عنها للتو تضفي تفرّدها على ما يسمّى "الفلسفة الفرنسية". إنها تنتمي إلى مصطلح من الصّعب إدراكه من الدّاخل أكثر من الخارج كما هو الحال دائمًا. الاصطلاح، إن كان واحدا طبعا، ليس نقيًا أو مختارًا أو واضحًا من جانبه على وجه التحديد. المصطلح دائمًا وفقط للآخر، منتزع الملكية بشكل مسبق.

التفكيك ومساءلة التقليد الفلسفي الغربي

حوار إيف روكوت مع جاك دريدا[1]

في عام 1967، برز جاك دريدا وهو في السابعة والثلاثين من عمره، أمام قرائه بثلاثة كتب: **الكتابة والاختلاف، والصوت والظاهرة، وفي الجراماتولوجيا**. كانت هـذه بدايـة مغـامرة "التفكيـك"، التـي سـتقوده إلـى التسـاؤل حـول المخـدرات والهـجرة، أو المشاركة في تأسيس الكلية الدولية للفلسفة أو تنظيم ندوات سرية في براغ بين 1981–1982، ممـا أدى إلـى إلقـاء القبـض عليـه. تمثّـل هـذه المغـامرة مشـروعه في تفكيـك الميتافيزيقـا واللغـات وكـذلك "المؤسّسـات وحـدودها وجدرانها". ولكن في كتابه الجديد (Limited Inc.) لم يعد يحاول "إرباك" القارئ بكتاباته، كما فعل في نواقيس أو **البطاقة البريدية: من سقراط إلى فرويد وما بعده**. في كتاب (.Limited Inc) الأسلوب "اتفاقي". نشر دريدا مجلّده الأول عام 1972 وهو "التوقيع، الحدث، السياق" المنشور في **هوامش الفلسفة**. أما المجلّد الثاني، وهو أهم من الأول بكثير، نُشر عام 1977 باللغة الإنجليزية، ويمثل جدلاً عنيفًا مع جون سيرل حول نصه الأول. وفقًا لسيرل، المنظر وتلميذ الفيلسوف أوستن الذي تأمّل في "أفعال الكلام"، فإن إثقال العقل بتاريخ الفلسفة مـن أجـل التفكير ليس ضروريا. بينما يتناول الجزء الثالث مـن الكتـاب مـا يجـب أن تكـون عليـه "أخلاقيات التواصل".

---

(1) Yves Rocaute avec Jacques Derrida, L'événement du jeudi, 284, avril 1990, p 114-116.

كمؤسّس للكلية الدولية للفلسفة، أعربتم عن رغبتكم في أن ينطلق تدريس هذه المادة في البكالوريا. ومع ذلك، تمثلون وكتبكم، بالنسبة للبعض، نموذجًا معينًا من "الباطنية".

دريدا: أحاول أن أكون قابلاً للقراءة وواضحًا قدر الممكن. لكن دون أن أتجنّب كثيرا من المطالب الفلسفية بحجة "تسهيل" قراءة كتبي أو إنتاج وهم البساطة. سيكون الأمر غير مسؤول وديماغوجيا ويعني عدم احترام القارئ. في الوقت نفسه، أفضل دائمًا أن أثق في القارئ وأطلب منه القيام بالقراءة أو بعمل القراءة.

عمل لا يمنح أبدًا للمرسل إليه قبل القراءة، فهو ليس ثابتًا: إذ يعمل ويتحوّل من خلال القراءة، مثل الشخص الذي يكتب. وهذه المشكلة، الخطيرة للغاية، في نفس عمر الفلسفة. لماذا هو أكثر إلحاحا اليوم؟ يجب أن نرحّب بالدمقرطة وأن نحافظ عليها بلا هوادة. لكن البعض يستفيد من امتداد "فورية ميديائية" معينة، إذا كان بوسع المرء أن يسميها كذلك، لجعل الناس يعتقدون أن التواصل يجب أن يكون سهلاً وسريعا وسلسا. يحاول نقل فكرة أن جميع "الرسائل" يمكن تلقيها دون جهد، دون ترجمة، دون تحضير؛ أي بدون أي مراقبة.

ومن هنا نفاد الصبر الذي يشعرون به في مواجهة لغة تبدو محجوزة لأولئك الذين يعرفون قانونا معينًا والذين يجرؤون، علاوة على ذلك، على طلب عمل لا نهاية له من طرف الآخرين. عمل يقال علنا أو يظلّ مضمرا، بما أن الفلسفة تتعامل مع الإشكالات الكونية، مثل الوجود والموت والسياسة والأخلاق، فلماذا يجب أن يكون هناك متخصّصون في الفلسفة؟ لماذا يحتفظون بسرّهم؟ ألا يجب اعتبارهم مشبوهين، لأن "خطابهم" يمنعني مما يحقّ لي معرفته؟

سيقولون لك إن هذه حجّة معقولة؟

دريدا: نعم، طالما أن الشعبوية أو الظلامية لا تختبئ وراءها. يجب على الفلاسفة، بالطبع، أن يفعلوا كل شيء ليكونوا في متناول الجميع. هناك بلا شك، وهذا ما تؤكده الفلسفة نفسها، حق لكل فرد في الوصول إلى الفلسفة. لكن افتراض أن هناك نموذجًا للوضوح الطبيعي يُعطى على الفور للجميع، في الشارع، على سبيل المثال، في الصحافة أو في التلفزيون، هو خداع وتزوير عميق أحيانًا. حتى في الشارع وفي وسائل الإعلام، تتميز اللغة التي يسهل الوصول إليها –على ما يبدو– بالعديد من الشفرات والشفرات الفرعية، وبالتالي، بالعديد من الاستثناءات! أولئك الذين يطالبون الفلاسفة بأن "يتحدّثوا مثل أي شخص آخر" يجب أن يفكّروا في الأمر.

ألا نواجه هكذا مطلبًا متناقضًا؟

دريدا: متناقض ومؤلم: أن يتم الاستماع إليها من قبل أكبر عدد لضمان الذاكرة أو إرث الفكر في الوقت نفسه، بسبب تعقيد المشاكل التي تتطلّب تحليلاً صبورًا ودقيقًا. بالإضافة إلى الاعتماد على حدود الزمان والمكان، كما هو الحال في هذه اللحظة بالذات.

كل شيء سيكون أسهل إذا لم تكن مضطرًا للذهاب بسرعة: كتاب، مقال، مقابلة، تكون دائمًا قصيرة جدًا. ألا يكمن حلّ هذا التناقض الفلسفي والأخلاقي والسياسي في ترحيل معين؟ ألن تأخذ شكل الوساطة الاجتماعية والجماعية والمؤسساتية؟ مؤلِّف واحد لا يستطيع حل هذه المشكلة. يجب أن يكون لديه حلفاء، مع المدرسة ومع وسائل الإعلام أوّلاً. لذلك لا يوجد تناقض بين حقيقة كتابة شيء يعدّ صعبًا والادعاء الذي أشرت إليه: على سبيل المثال، مطالبة GREPH بتطوير تعليم الفلسفة وتمديد فترة دراساتها.

يعترف سيرل في أحد أعماله، القصدية، بأنه يتجاهل معظم أعمال التقليد. أين الفرق بينكما؟

دريدا: يتعلق الأمر في (Limitée Inc) بالتواصل. بدأ الجدل بمقال "التوقيع، الحـدث، السيـاق"، الـذي قُدم في أعقـاب مـؤتمر للجمعيـات الفلسفية الناطقـة بالفرنسية [مونتريال، 1971] كان موضوعه "التواصل" بالتحديد.

لا ينشأ إثبات الاتصال بين مشاركين يمكـن تسميتهما "بالفيلسوفين" فقط مـن جهـة، و"الجمهـور" من جهـة أخـرى، وهـو جمهـور يعتقد الصـحفيون أنهـم وحدهم من يملك السلطة على المخاطبة أو التحدث نيابة عنهم. بالطريقة ذاتها التي يوجد بها جمهـور ومقيّمون، وبين أولئك الـذين يظهرون أكثر في وسائل الإعلام ليس لـديهم المزيد من السلطة دائمًا، لذلك وجدت أيضًا مجتمعات وتقاليد، وهناك مؤسسات فلسفية يصعب أحيانًا تمييزها. تندمج هـذه الصعوبة مع الفلسفة نفسها، التي تفترض أيضًا انعكاسًا على الظروف المؤسسية أو غير المؤسسية لخطابها ولغتها ونوع تواصلها.

لذلك، عندما يجرؤ سيرل على تأليف كتاب عن القصدية، مشيرًا إلى أنه لا يعرف شيئًا عن تاريخ المشكلة، فهو لا يعترف بخطئه فقط بل يلقي باللوم على تقليد أوروبي "قاري" (وغالبًا مـا يكـون فرنسيًا) يقول إنه لا يعالج مشكلة أبـدًا دون التفكير في تاريخها أولاً. بحسب منطق هذا الاتهام، على عكس ذلك، يجب البدء في معالجته على الفور ودون أي ذكرى، بإلحاح ما هو على المحك اليوم. هناك تقارب معين بين موقف سيرل وموقف بعض الصـحفيين أو موقف بعض الفلاسفة المتسرّعين.

لكـن في الوقت الحـالي، ثبت أن نصّ سيرل صعب مثل نصّي، وإن كـان بطريقة مختلفة. علاوة على ذلك، فهو بعيد جدًا عن المنتدى العام لدرجة أنه لـم يسأله أحد عن ذلك. من ناحية أخرى، يلتزم سيرل بالافتراضات التاريخية أكثر مما يدركها؛ وهو أكثر مني في ذلك. إنه "قاري" وعلى سبيل المثال هـو أكثر مني

هوسرلية. عنـدما يـدّعي في تحليـل أفعـال الكـلام الأدائيـة – الأمـر أو الوعـد أو التهديد – أنه يجب استبعاد الحقائق التخييلية والظواهر الشّاذة بشكل منهجي، أي الطفيليـات بسبب الاقتباس أو الخيـال أو السّـخرية والتعـديل الأدبـي – واستعادة النقاء المثالي والأصلاني للملفوظ الذي مـن شـأنه أن يعبر بجدية أو بشكل صحيح عما يعنيه.

لكن "التفكيك" يستجيب أيضًا للتقليد الأوروبي نفسه.

دريدا: ربما ينطوي "التفكيك" على احترام هـذا التقليد وحركـة التفكير في إمكانياته وحدوده، مما يعني أيضًا تجاوزًا وإزاحة له.

هذا لا يحدث فقط في تكهّنات الفلاسـفة المحترفين، إنه التجربـة نفسـها، حين تتعلق بـ "الطفيلي" و"المهـاجر" و"الهامشي"– علينـا أن نسـأل أنفسـنا: ماذا نفعل؟ ماذا تقصد هذه الكلمات؟ ما هي قيمتها المفترضة؟ ما العمل معهـا؟ هل يجب أن نستبعد شيئًا مـا، ولـو مؤقّتًا؟ هـل هنـاك حـدّ للتسامح؟ ماذا تريد أن تستعيد؟ وينطبق الشيء نفسه على مشكلة **الذات**، وجسدها الخاص – سواء كان فرديًا أو اجتماعيًا أو قوميًا – واسمه الخالص وتوقيعـه وصدقه؛ مـع ملكيـة رأس المال أو الأرض؛ مع هوية الذات، الهوية الوطنية أو اللغوية، المسؤولية الفردية، اللاّوعي والقانون.

وماذا عن مشكلة أوروبا؟

دريدا: يعتبر "التفكيك"، مسبقًا، أحد سلالات أوروبا، وهو محاولة للتفكير في فكـرة أوروبـا، أو في النظـام المفتـوح للمفـاهيم، أو في البـديهيات التأسيسـية للفلسفة كمغامرة أوروبية، تتجاوز المركزية العرقية الأوروبية أو نقيضها. ومنطق ما يربط أوروبا **بأخرى**، وكذلك ما يعبّر عـن القومية في الكونيـة أو العالميـة، هـو سرب من المفارقات التي تقدّم نفسها للتفكيك.

لا يمكن أن يكتفي "التفكيك" بالهجمات الأوّلية على المركزية الأوروبية، كما أظهرت عديد من العلامات المختلفة منذ فترة طويلة. ولا يجب أن يكتفي بضمير طيّب أو نشوة "أوروبية" خاصة في هذا الزّمن، حيث تنتصر النّرجسية هنا وهناك، وتعلن أحيانًا "نهاية التاريخ" ومحاولة تنقية كل خطيئة، تسرّع المسرنم وروح الرأسمالية الليبرالية. والأهم من ذلك أنه يخاطر بالارتباط بأشكال مزعجة من القومية البغيضة أو الدوغمائية الدينية.

ضد الإجماع، هل تستعدون لإعادة قراءة ماركس؟

دريدا: لطالما تميز طعم الخدج بالتساؤل التفكيكي. ضد دين الإجماع، وضد استعادة الأرثوذكسية البسيطة، ليس هناك شك في أنه يجب إعادة قراءة ماركس ونيتشه وفرويد وقليل من الآخرين! يجب أن يتم ذلك مع فلاسفة الشرق، أو إذا لزم الأمر، **ضدهم**، لأن المناقشات معهم تنمو وتتطوّر بأقصى سرعة.

الفكر روح، جسده اللّغة.

حوار مع خوسيه ماندیز[1]

في مدريد، بعد إلقاء محاضرة دريدا

في 22 أبريل 1997

تحدثنا مع جاك دريدا بعد محاضرته في الإقامة الطلابية عـن "مقدمات إلى تاريخ الأكاذيب"... أنـت مـن أصـل جزائـري، ولـديك جنسـية فرنسـية ونشـأة يهودية. ما نوع الهوية التي تنشأ عن هذا الوضع الثلاثيّ؟

من الصعب التعرف على الذات والتماهي مع الآخر. بطريقة مـا أنـا فرنسي للغايـة، كمـا وضّـحت بالفعـل في كتـاب صـغير. لقـد نشـأت في الجزائـر في بيئـة تتحدث الفرنسية بالكامل، بيئة يهودية مندمجة تمامًا، لذا فإن الفرنسية هـي لغتي الوحيدة وأنا أعاني لامتلاكها، وهي اللغة التي أحبّها وأكافح معها. لكن في الوقت نفسه، بطبيعة الحال، بسبب أصولي وحقيقـة أنني عشـت في الجزائـر – وهـو بلد حقيقي ومستعمر أيضًا إذ كانت تُعتبر قسمًا فرنسيًا – شعرت أنني لسـت فرنسيًا مثل الآخرين. وبالنظر أيضًا إلى أنني وصلت إلى فرنسا في سـن التاسـع عشـر، فلـديّ جـذور عميقـة في الجزائـر. كل هـذا سبّب لـي كثيرا مـن مشـاكل الهويـة وحاولت شرحها في عدة مناسبات.

من الواضح أنني لا أعتبر ذلك شـرًا، بـل استفزازًا للتفكير وتأويـل التـاريخ والسياسة، حيث لم أولد في الجزائر فحسب، بل عشت فيها أيضا. عندما كنت في

---

(1)   «Los intelectuales», **Résidence**, VII-IX, 1997, p: 3-5.

فرنسا بالفعل، كانت عائلتي لا تزال في الجزائر، وبالتالي، عشت هذه التجربة المؤلمة للحرب، لذلك شعرت بالتضامن مع الجزائريين الذين كانوا يقاتلون من أجل استقلالهم؛ لكن في الوقت نفسه أنتمي اجتماعيا إلى فرنسيي الجزائر. بشكل عام، كان الوضع مؤلمًا، يصعب التعايش معه. لقد عشت حربين، فعندما كنت طفلاً، بين سنتي العاشرة والرابعة عشرة، كانت هناك الحرب العالمية الثانية، حيث عانى يهود في الجزائر اضطهادا، وتم طردي من المدرسة لكوني يهوديًا.

لذلك، كانت هذه الحرب ثم حرب الجزائر، من وجهة نظر الانتماء الوطني والسياسي، تجربتين مكثفتين ومؤلمتين للغاية، لكنهما في الوقت نفسه تساعدان على التحليل والتفكير، والتأمل في ماهية الهوية الوطنية، والهوية اللغوية. ما كان مؤلمًا كان في الوقت ذاته نوعًا من الصدفة أو الحظ، فقد منحني مظهرًا خارجيًا معينًا فيما يتعلق بالتقاليد الفرنسية والأوروبية، وميّز عملي.

من خلال هذه الحالة المفاهيمية، ثالوث آخر: قديم وحديث وما بعد حداثي في آن معا، قمتم بتطبيقه من خلال التأكيد عليه في محاضرتكم. هل ترغبون في شرح هذا المفهوم للزمن الداخلي للشخص؟

إن التأكيد على أنني قديم وحديث وما بعد حداثي في آن معا هو طريقة للقول إننا لا ننتمي إلى عصر واحد، وأن لدينا عدة عصور ويمكننا العيش في مفارقة تاريخية ليست سلبية بالضرورة. عليك أن تكون قد عفا عنك الزمن بعض الشيء لتفكر كيف تكون معاصرا. وبنفس الطريقة التي لا أشعر بها بالانتماء إلى فرنسا أو إلى "الفرنسية" أو "الأوروبية"، وببساطة فإن انتمائي هو شيء أزعمه، ولا أنتمي فقط وببساطة إلى عصر واحد.

هل يمكن اعتبار الايديولوجيا إحدى أشكال الكذب؟ ضربا من الكذب؟

لمفهوم الإيديولوجيا تاريخ قوي. استحضرت في المؤتمر النظريات الحديثة للكذب، والتي أعيرها اهتماما كبيرا، لأنها تطرح مسألة تاريخ الكذب والحداثة السياسية للكذب، مع الأخذ بعين الاعتبار تحولات التقنية والصور، وسائل الإعلام، إلخ. يثير منظّرو الكذب في الفترة المعاصرة اهتمامي كثيرًا؛ ومع ذلك، فهم لا يشيرون أبدًا إلى هايدجر أو فرويد أو النظرية الماركسية للإيديولوجيا. وعلى الرغم من وجود الكثير مما يمكن قوله ضد المفهوم الماركسي للإيديولوجيا، إلا أنه مثير للاهتمام بمعنى أنه يشير إلى المكان، مكان إشكالي، حيث لا يكون تزوير الحقيقة وتشويهها بالضرورة كذبًا، لا يستجيب ببساطة لنية واعية وطوعية لتشويه الواقع. هناك تشوّه يفرض على عدد كبير من الأشخاص رؤية معينة للواقع، تأويلا معينًا، لكنه لا يمرّ عبر نية واعية لفعل الكذب. الإيديولوجيا ليست كذبة ولا وهما ولا خطأ. لـذلك، هنـاك علـى الجانـب الماركسـي، محاولـة للتفكيـر في شـيء إيديولوجي، شيء ليس خطأ أو كذبة أو وهمًا. أعتقد أننا بحاجة إلى صنف جديد من التفكير، وتشويه، وتحويل للواقع الذي ليس مجرد كذبة. ومع ذلك، هناك كذبة، وأريد الاحتفـاظ بـالمفهوم القديم للكـذب. هنـاك كـذبة سياسـية: أكـاذيب بسـيطة، مقصـودة، متعمّـدة، عـبر وسـائل الإعـلام والآلات الكبـيرة وهـي رأسمالية وتقنيـة وعالمية في الوقت نفسه. هناك أيضًا تحوّل في الواقع وتأثيرات إيديولوجية، وهي ليست مجرد أخطاء أو أكاذيب تتطلب تصنيفات أخرى. فمن وجهة النظر هذه، لا أعتقد أن صنف الإيديولوجيا الماركسية كاف على أية حال.

إن إنكار الماركسية اليوم هو أكثر من مجرد موقف نظري، أو اتفاقية اجتماعية، أو ميثاق صمت. هل يمكننا أن نستنتج بعض التبرير لماركس من كلماته؟

لا، إنها ليست عودة إلى ماركس. إنها ليست إعادة صياغة لماركس. إنها أولاً وقبل كل شيء احتجاج على التسرع الذي أرادوا به دفن ماركس وإغلاق

الكتـاب والحلقـة الماركسـية. أعتقـد أنـه يتعيـن علينـا الحـذر مـن هـذه النشـوة النيوليبرالية الرأسمالية بقولها "مات ماركس". إنها بادرة احتجاج من جهتي، لأن المثقفين يتحملون مسؤولية عـدم المشـاركة في هـذه الجنازة المهلّلة والمنتشية للرأسمالية الليبرالية التي تمر بأزمة، والتي تعمل بشكل سيّء للغاية وتحاول دفن ماركس بطريقـة سـحرية، مثـل طـرد سـحري للأرواح الشـريرة. لكـن في الوقـت نفسه، لا يتعلق الأمر باستعادة ماركس، بل بالبحث عن النصائح الثورية في قراءة ماركس، وهو أمر يساعدنا على التفكير في عصرنا والتصرف بشكل مختلف معه. هـذه واحـدة من التفاتاتي المعقدة تجاه ماركس. على سـبيل المثـال، ما قلته للتو عن الإيديولوجيا: التصنيف الماركسي للإيديولوجيا معقّد للغاية، وتوجد فيه إشارة إلى شيء يجب البحث عنه وهو الصوت، على الرغم من أنها ليست مسألة اسـتعادة دوغمائيـة للمفهـوم الماركسي للإيديولوجيا.

هـذه الحالـة، على الأقـل في المنطقـة الغربيـة، هـي تعايـش عديـد مـن الخطابـات غيـر المهيمنـة، التـي تشكّل نوعًا مـن "التنافـر" الإيـديولوجي والثقافـي. فهـل هـو الأكثـر قبولا؟

لا شيء مقبـول على الإطـلاق. هـذا جـزء مـن الإيديولوجيـا مـن وجهـة نظـر الماركسـية. لطالمـا كانـت هنـاك تعدّديـة للخطابـات. بافتـراض وجـود مجـال إيديولوجـي، فإن المجال الإيديولوجي يتكوّن دائمًا مـن منافسـة مفاهيميـة لعديـد من الخطابات. لم تكـن هنـاك إيديولوجيـا متجانسـة أبـدا، حتـى في الـدول الشـمولية، التي تحـاول فرض مثل هـذه الإيديولوجيا، هنـاك دائمًا توتّرات وصراعات. حتى مـن وجهـة النظـر الماركسـية، لا يـزال بإمكاننـا تحليـل التناقضـات داخـل الإيديولوجيا المتجانسة. ثم كان هناك دائما نشاز (تنافر للأصوات). نتحدّث اليـوم عـن خطـاب يقترح غيـاب الإيديولوجيا. في النشـاز الحالي، هنـاك صـوت يقـول إنه ليس هناك نشـاز فحسب، بل نهاية الإيديولوجيات. أعتقد أن ما تسميه

نشازًا، أي مجموعة من الخطابات المتنافرة دون أي سيطرة، يتوافق مع شيء أكثر خطورة من الأزمة. إنها ليست مجرد أزمة. الأزمة هي دائمًا لحظة توتر مرضي تميل إلى التلاشي، عندما يكون ما نمر به أكثر خطورة. وفي هذه التجربة التي نعيشها اليوم، تحاول هذه الخطابات المختلفة التي استشهدت بها رتق هذا النوع من الجرح الذي انفتح عندما تحدّثنا عن نهاية الإنسان ونهاية التاريخ ونهاية الإيديولوجيا ونهاية الميتافيزيقا... في مواجهة هذا النوع من الهاوية أو الفراغ بعد موت الماركسية، نحاول السير بسرعة كبيرة، لتعديل خطاب يطمئن ويرتق، لكنني لا أعتقد أن هذا مقبول.

مـن بـين الفضـائـل التـي يطرحهـا النقـد فـي عملـه، تتجلّـى دائمًـا حالـة مُبتكِـر الاستعارات، خالق اللغة. هل تعتبر نفسك كاتبا فلسفيا؟

هنا، الإجابات كثيرة. من ناحية، صحيح أن في تكويني لمرحلة المراهقة، عندما كنت صغيرًا جدًا، كانت رغبتي بالفعل أن أغدو كاتبًا فيلسوفًا، وكانت هناك نماذج لذلك. وفي العشرينات من عمري، كان سارتر وكامو وميرلوبونتي قدوة لي عن الفلاسفة الذين كتبوا الأدب أيضًا. كان هذا ما أثار اهتمامي، أردت أن أكتب وأقرأ. من ناحية أخرى، لا أعتبر ما أفعله الآن فلسفة خالصة وبسيطة. ما أسميه **تفكيك** الفلسفة هو نوع من التفكير – أو إن شئتم التأمل – في الفلسفة، من مكان بعيد قليلاً عن الفلسفة. على الرغم من أن تكويني هو تكوين فيلسوفٍ وأستاذ فلسفة، إلا أنني لا أعتبر ما أكتبه فلسفيًا بالمعنى الدقيق للكلمة (stricto sensu).

بالإضافة إلى ذلك، يجب أن يأخذ الخطابُ النظري اللغةَ بعين الاعتبار؛ يجب ألا يكون كذلك، فلا يمكن أن يكون مجرّد عمل على تصوّرات غريبة عن اللغة. الفكر مثل الروح، جسده هو اللغة. أعتقد أن المفاهيم تعيش في أجساد لغوية، وبالتالي يجب أن يكون الفعل الفكري اصطلاحيًا (idiomatique). كل هذا يعني أنني عندما أكتب أشياء فلسفية، فأنا منتبه جدًا لطريقة الكتابة وطريقة

التعامل مع اللغة الفرنسية. وبطريقة ما أشعر أنني أكتب شيئًا خلاّقا، إذا نجحت، في أن ما هو مكتوب مرتبط ارتباطًا وثيقًا باللغة الفرنسية، إذا لم يصبح غير قابل للترجمة، فمن الصّعب جدًا ترجمته.

هذا يقربنا من مفهوم الفكر الشِّعري، والفكر كفعل من أفعال الخلق.

ما قلته للتو يسير بالفعل في هذا الاتجاه. أعتقد أن الفكر الفلسفي، فكر الفلسفة – الذي يثير اهتمامي – هو فكر لا-فلسفي. يجب أن يكون الفكر حدثًا، وابتكارا في اللغة، وبالتالي يجب أن يكون شعريًا إلى حدٍّ ما. حدث اللغة هو ابتكار شعري. حيثما توجد أحداث فكرية، يوجد أحيانًا شعر أكثر مما يوجد في أعمال شعراء "لهم الأولوية". بالنسبة لي، لا يوجد فرق – لأقول سريعًا بعض الشيء طبعا – بين أفكار الشاعر وطريقة كتابته. في الأساس، لا يوجد فرق.

الآن، هذا لا يعني أن كل شيء موجود في كل شيء، وأن جميع النصوص التي تهمني هي في الوقت نفسه فلسفية. أنا أؤمن بالاختلاف، بالتخوم بين الفلسفة والأدب، حتى لو كانت قابلة للاختراق، بين تعاطف الفكر الفلسفي وتعاطف الشعر. لا أريد الخلط بين كل شيء، لكن في أصل الأشياء، وما يهمني هو التفكير والتفكير في الفلسفة، والكتابة شعرا والعيش كشاعر، فكل هذا متشابه.

اسمحوا لي بالعودة إلى محاضرتكم. من الممكن أن يكشف الزمن عن الكذب في حد ذاته، ولكن كيف نكتشف الكذاب في مجتمعنا الإعلامي حيث أضعفتم المسؤولية في التكرار؟

عليك أن تكون حذرا بشكل مضاعف. من ناحية أخرى شهدت تطور تقنيات الوسائطية: حيث الحالة المتغيرة للصورة والقوى الكبيرة المركزة على المعلومة. ما يعني أنّ الحديث عن الأكاذيب ببساطة لم يعد ممكنا.

لم نعد نعرف من المسؤول. انتبه لحقائق التقنية التي يبدو أنها تبدّد الكذب. كل هذا صحيح، لكن في الآن ذاته لا أعتقد أننا يجب أن نتخلّى عن فئة الكذب أو عن فكرة أن يكون هناك ذنب أو جرم. هناك أناس قدّروا الكذب بتعمّد.

الصعوبة التي واجهتها والتي أردت نقلها خلال المحاضرة هي ما يلي: الحفاظ على منطقين متوازيين. الأوّل هو منطق التقنية الذي يميل إلى تبديد المسؤولية الفردية. والآخر هو الحاجة إلى الحفاظ على الفئة القديمة من الأكاذيب؛ لأنه لا يزال هناك أشخاص يكذبون (السياسيون خاصة)، ويكذبون ببساطة بالمعنى الأكثر كلاسيكية للكلمة. وأن يحاكموا على ذلك، وأن يحاسبوا، مذنبين بهذا الكذب. هذان المنطقان يصعب التوفيق بينهما.

يبدو أن أحدث مغامرة سياسية أوروبية هي الوحدة. هل هناك فكر حول أوروبا مواز للظاهرة السياسية؟

اليوم في الفلسفة، كما في كل شيء تقريبًا، تنتج ظاهرة العولمة. بعبارة أخرى، يسافر الفلاسفة كثيرًا، مثل الآخرين، والكتب أيضا تسافر كثيرًا. بحسب اللغة، أنا أمريكي كما أني أوروبي. إذا كان معنى سؤالك هو معرفة ما إذا كانت هناك فكرة تحاول المطالبة بأَوْرَبتها والتفكير في أوروبا، حول مستقبل أوروبا، فسأقول نعم. يكافح معظم الفلاسفة اليوم لفهم ما تعنيه أوروبا، ومن أين أتت أوروبا. بالطبع، كل شخص لديه رأيه الخاص. يتمثل الخطر الفلسفي الكبير في الإجابة من أين تأتي أوروبا، بافتراض أنها كانت هوية، ولكن أكثر من ذلك، للتنبؤ بما ستصبح عليه، وكيف يجب أن تكون أوروبية أو مضادّة لها. بمعنى آخر: ما مصير أوروبا؟ وهذا سؤال ممتاز.

عندما تتحدّثون عن الأكاذيب، مثلما تتحدثون عن الإيديولوجيا أو اللغة، فإن المستمع يتشكّل لديه انطباع بأنك تبحث دائمًا عن جيوب من الحرية الفردية. نزهات من أجل حرية تشعر أنها مهددة. فهل هذا آمن؟

إنه سؤال واسع. سأقدم لكم إجابة مختصرة إلى حد ما وناقصة الشكل، لأن سؤال الحرية هو سؤال فلسفي كبير. للإجابة بسرعة بهذه الطريقة، فإن أول شيء يمكنني قوله: ليس مؤكدا أننا نريد أن نكون أحرارًا. لقد ربطتم الحرية بالأمل، وكأن ما نريده قبل كل شيء هو أن نكون أحرارًا. ذلك ليس مؤكدا. على سبيل المثال، لست متأكدًا من أنني أريد أن أكون حرا، أي منفصلا. أريد أيضًا أن أكون ملزمًا، وأن أكون مطلوبًا، وليس مجرد حرّ. من الواضح أن الرابط، الرابط الحقيقي، مأخوذ بحرية.

عندما أفكر في كلمة الحرية وأتساءل عن جينيالوجيتها، من أين أتت، لدي انطباع بأن الحرية سياسية، إنها ديمقراطية حرة. لكن في الوقت نفسه، أريد أن أكون حرا مع حرية ليست كحرية مواطن فقط. أريد أن أكون حرا في التفاعل، متجاوزا الحرية السياسية؛ أن يكون لك فكر عن الحرية لا يتطلّب التحدث عن الحرية. الحرية في الشعر، في الفضاء الأدبي، في الرؤية، في الإدراك. حرية العيش، والإدراك، والتمتع، قبل أن تصبح هذه الحرية مسألة سياسية، عن الحق. إنها إمكانية المواطن الذي يعيش في فضاء من الحرية المدنية: أن يكون قادرًا على حجز مساحة غير مشبعة بالسياسة.

فلسفة تفكيكية

في نوفمبر 1995 كان دريدا في زيارة لسانتياغو (تشيلي)، وهناك ألقى مقابلتين للجمهور، إحـداهما في جامعـة أرسيس (L'université Arcis) والأخـرى في صـالون الكتـاب، وحرّرت التسجيلات من طرف مجلة النقد الثقافي (Revista de Critica Cultural) في تشيلي، ومنها اخترنا بعض المقاطع النصية لهذا المقال.

منذ شهر تقريبا توفي جيل دلوز، واسمه مثل اسمك يمثل جزءا من كوكبة فلسفية وفكريـة مرموقـة (لاكـان، بـارت، ألتوسـير، فوكـو،...إلـخ) والتي تضـم مـايو 68 كمرجع سياسي.. أنت عشت حدث مايو68، فكيـف كـان لـه تـأثير علـى الهيكلـة الجامعية برأيك؟ (نيللي ريتشارد)

دريدا: إجابةً عن السؤال، أودّ في البدء تكريم ذكرى جيل دلوز، الذي أثر موتـه فيّ بطريقة مؤلمة خاصة. أثرت وفاته في نفسي، وكـذلك ظـروف هـذه الوفـاة، حيـث شـارك فيهـا عديدا مـن الفلاسفة الفرنسـيين مـن هـذا الجيـل، وهـم أصـدقائي دلـوز وألتوسير وفوكو وبارت، حقيقة الموت في مواقف غير عادية للغاية. أشعر بالوحدة قليلا، فأنا الناجي أو الباقي على قيد الحياة تقريبا. أنا أنتمي إلـى الجيـل نفسـه الـذي عايشه دلوز، ومنذ البداية كانت أفكاره تعني لي الكثير. لطالما شـعرت بالإعجـاب الشديد بالتقارب بين ما كان يعمل عليه وما حاولت أن أعمل عليه بنفسي: التقـارب الذي ينبع من الاهتمـام المشـترك بفكـر الاختلاف غيـر القابـل للاختـزال، للجـدلي والمتناقض والمعارضة؛ فكر مؤكد لتكرار حيث تتأسّس الجينيالوجيا مع نيتشه. أمـا حول مايو 68، فقد أعلن دلوز في مقابلة أعدت قراءتها مؤخرًا أنه كـان زلـزالًا عميقًا، يتجاوز ما نتصوّره في ذلك الزّمن، والذي استمرت موجاته الصّادمة بعد ذلك بكثير.

بالنسبة لي، على الرغم من تعاطفي مع تمرد مايو 68، إلا أنني أعترف بشعوري في ذلك الوقت ببعض التردد في مواجهة النشوة العفوية. لقد كان حذرًا نوعا ما من رثاء العاطفة، وعفوية معينة من الكلام المتحرّر والشفاف. لكن في السنوات التي أعقبت مايو 68، شهدنا ردّ فعل سياسي في فرنسا، نتج، من وجهة النظر البرلمانية والانتخابية، عن تدفق هائل لليمين لم يسبق له مثيل، ومن الناحية الأكاديمية عن منعطف المحافظة الارتكاسي والعنيف والمتوتر. عندها بدأت بأعمال قتالية داخل المؤسسة الأكاديمية للاحتجاج على القوى الرجعية.

السؤال الذي أحاول طرحه حول طريقة لإعادة تثبيت التوتر بين خطابك وخطاب التحليل النفسي اللاكاني. السؤال هو: هل الأنثوي قابل للنقاش؟ هل يمكن قول ما يعتبره "العملية الأنثوية"؟ يؤكد لاكان في السيمينار دائمًا أنه "لا يمكن قول أي شيء عن النساء". في نص "مهاميز"، تشير إلى أنّ: "المرأة ستكون موضوعي، مع ذلك ". (تيريزا بوستوس).

دريدا: اقترح لاكان نظرية جديدة للذات ليست نظرية للميتافيزيقا الكلاسيكية، حتى وإن احتفظت -وبطريقة ما- بخصائص أساسية منها. يوجد فيها تخريب للذات الكلاسيكية وإعادة تأكيد للذات الديكارتية. وهناك بالفعل توتر بين خطاب لاكان وما حاولت القيام به، كما أشرتم إلى ذلك جيدًا. توتر معقد ومتحرّك في الآن نفسه. كما تعلم، فإن النظرية اللاكانية للذات هي نظرية إخصائية تتحدّث عن المرأة كصورة لهذا الإخصاء. ما حاولت طرحه كتساؤل – ليس عن لاكان بشكل عام، ولكن في نصوص معينة مثل الحلقة الدراسية حول الرسالة المسروقة – هناك شيئان أو ثلاثة أشياء تسير جنبًا إلى جنب: هيمنة صورة الإخصاء والمرأة على أنها نقص للقضيب، وفوق هذا وذاك، الفكرة القائلة بأن كل شيء يدور حول هذا النقص الذي يملك مكانا قابلا للتحديد، ومماثلا له وقابلا للغربلة عن طريق مخطّط تفصيلي.

يمكـن تعريـف المـرأة - وبشـكل أدق الأم - عنـد لاكـان كمكـان (مكـان الإخصاء) لـه حـواف، مكـان محـدّد يحـدث. سيكـون "فتـح" الإخصـاء هـو هـذه الفتحة حيث يكون القضيب مفقودًا. الشيء الأوّل الذي بدا لي مشكوكًا فيه هو فكرة النقص التي لا تزال تشير -في هذا الجزء مع لاكان- إلى فكر للسّالبية كما هـي في التقليـد الهيغلـي. يعـارض التفكيـك فكـرة النـقص أو الفكـر الإيجابي بالانتشار. على عكس لاكان الذي يوضّح أن الرسالة المسروقة تعود إلى مكانها كمكان منفصل وأن ملامح النقص تحدّد ما هو مناسب لهذا المكان. بالنسبة لي، لا يمكن رسم معالم هذا المكان، وحتى لو كان خاصًا بالمؤنث. الفكرة الأخرى التي بدت لي قابلة للنقـاش -عند لاكـان- هي الحقيقة كإزاحة الحجاب عـن الوحي في التقليد الهايدجري. أي الحقيقة حول فقد القضيب والإخصاء.

أعترف أن تأكيد لاكان على أن المتعة التي تعيشها النساء لا يمكنهن التعبير عنها وتلك هي حقيقتها، لطالما حيرتني إلى حدّ ما. أعتقد أن لاكان يكرّر بمهارة عبارات القضيب (اللوغـوس) المتمركـزة تقليديًا. عندما أقول "ستكون النّسـاء موضوعي"، أحاول بشكل غير مباشر التساؤل عن تعريف المرأة على أنها جوهر المؤنث، وهي إشارة شائعة في خطاب أعتبره متمركزا قضيبيا نلفيه عند لاكان بالفعل، وهي نسوية جوهرانية بطريقة ما. تتمثل هذه الجوهرانية في تحديد المرأة مع حقيقة الأنثى وجعلها مكان هذه الحقيقة. بدءًا من نيتشه، أردت التأكيد على أنه لا يوجد للمرأة مثل ذلك الجوهر. لكني أدرك أن مثل هـذا الإعلان يمكن أن تكون له آثار سياسية مقلقة من وجهة نظر النضـالات النسوية. هذا هـو السبب، هنا أيضًا، في نضـالات النسـاء، يجب الجمـع بين التفاتين متناقضتين استراتيجيًا: يجب التشكيك في الجوهرانية كأثر متمركز قضيبيا لهيمنة الـذكور، ويجب أن تكون مسائِلة حتى يتم الاعتراف بهوية النساء وحقوقهن المتساوية. يجب التفاوض على جميع الحركات وفقًا للظروف، في إطار الممارسة النسوية.

لقـد نشـرتم مـؤخرًا كتابًا بعنوان: أطيـاف مـاركس مـا الـذي دفعكـم للعـودة إلى ماركس، أو على الأقل إلى شبحه؟ (مارتن هوبينهاي)

دريـدا: إن كنـتُ قـد كتبـتُ كتابًـا عـن مـاركس متأخـرًا جـدًا، كتابًا إيجابيًا يحيي مـاركس وأولئك الـذين مـا زالـوا يناضلـون باسـمه (الكتاب مخصّص لشيوعي مـن جنوب إفريقيا)، فذلك بالتحديد لأن القيام به أمر عفا عنه الزمن أو بالأحرى قبل أوانه. أعتقد أن مسؤولية التفكير النقدي تكمن أيضًا في حساب عدالة في غير زمانها: يجب على المرء أن يقول ما يظنّ أنه ليس بقائله. اليوم، يخبرنا الخطاب السائد حول العالم أن الماركسية ماتت والشيوعية قد دُفنت. على وجه التحديد لأنني لم أكن أبدًا مناضلًا للماركسية في وقت كان فيه من المغري جدًا أن أكون واحدًا منهم ولأنني قاومت عقيدتها، أعتقد أنه من الضروري اليوم معارضة صوت مناوئ لهذا الإجماع الحالي على رأسمالية السّوق الحرة والديمقراطية البرلمانية. أفعـل ذلك، بالطبع، بطريقتي الخاصة التي تتألف من تحليل، في كتاب أطياف ماركس، عمل المبارزة السياسية التي يتم التعبير عنها من خلال الخطاب المهيمن المناهض للماركسية اليوم، والذي يبدو لي انتصارا مهووسا، كما يقول فرويد، كمن يصرخ بالنصر بصوت عالٍ جدًا. صرخته عالية لإسكات القلق والتوتر، والجزع كعرض على أن كل شيء ليس على ما يرام فيما كان يعتبر انتصارًا. أحاول أن أتبع عمل الحداد في نصّ ماركس، لالتقاط قيمة الطيف كقوة لاستجواب التحليل النفسي المرتبط بالحداد. خطاب ماركس مليء بالأشباح ولكنه يسعى أيضًا إلى القضاء عليها والتخلص منها. حاولت فكّ رموز النص ورؤية الحدود الفلسفية لماركس كفيلسوف أيضًا: هناك دوافع ليست ميتة فقط ولكنها لا تزال مفتوحة على المستقبل كدوافع ما تفتأ تنذر، وهناك أيضًا دوافع تنتمي للتقاليد. كتابي بمثابة تكريم لماركس الأمس والغد ولتفكيكه أيضًا. يرث التفكيك نفسه واحدًا من أرواح ماركس، لكن ليس كلها: كما هو الحال في أي ميراث (هو نفسه مع هايدجر، فرويد أو نيتشه)، لا يتعلق الأمر بتلقي مدونة متجانسة عالميًا، بل بتشغيل إنقاذ انتقائي يرشح ما يسعى الوريث إلى تأكيده من النص الموروث.

من وجهة نظركم: كيف يمكن إقامة علاقة بين النص والممارسات الاجتماعية؟ (تيريزا ماتوس)

دريدا: تفترض الحاجة إلى إقامة هذه العلاقة تصّورين يبدوان قابلين للنقاش أو إشكاليين بالنسبة لي. ما يفترض أولاً وقبل كل شيء تصورًا ضيقًا للنص كشيء يقتصر على وسيط مكتوب. ما حاولت القيام به في **الغراماتولوجيا** هو توسيع مفهوم النص إلى ما هو أبعد من الداعم المحدود على وجه التحديد: الحركة/ الإشارة أو العمل عبارة عن نصوص أيضًا. في المقابل، تمّر "الممارسة الاجتماعية" بالضرورة من خلال وساطة النصوص والخطاب. لا توجد معارضة أو تمييز قويّ بين النص والممارسة الاجتماعية. أي ممارسة اجتماعية تمّر عبر النصوص، وأي نص هو في حد ذاته ممارسة اجتماعية. طبعا ليس ضروريا الخلط بين كل شيء أو الارتباك، مثل: نشاط نشر مقالات في مجلة مع نشاط العمل في مصنع. يجب التساؤل عن التعارض القائم بين النص والممارسة الاجتماعية ولكن –في الوقت نفسه– صياغة أدوات مفاهيمية جديدة تعيد ابتكار استراتيجية لمعالجة الاختلافات التي تفصل فعليًا النصوص والممارسات عن بعضها البعض.

في الثمانينيات والتسعينيات، نرى ظهور منعطف نقدي يربط التفكيك بروح معينة من النقد الماركسي. أشير قبل كل شيء إلى مشكلة "مسامية الحدود بين "الخاص" و"العام"، مشكلة التحول العميق للفضاء العام من قبل "جهاز الإعلام التقني"، وتبديد "البنية الطوبولوجية" للباب العام والفضاء العام التي تؤدّي إلى عدم وجود مكان للسياسة والوعد الديمقراطي.

دريدا: يدور السؤال حول التحولات التي غيّرت عملي في الثمانينيات والتسعينيات. يجب أن أعترف أن ما يذهلني بالأحرى، في المناسبات النادرة جدًا عندما أعيد قراءة نفسي، هو الإصرار والتكرار الرتيب تقريبًا لبعض

الزخارف خلال كتاباتي: ما أعتقد أنني قلته لأول مرة في عام 1990 إنه غالبًا شيء لا أستطيع تذكر قوله منذ وقت طويل. ولكن هناك، بالطبع، مصطلحات أو مفاهيم جديدة، وخاصة النبرات الجديدة التي تغير شدة الفكر. على سبيل المثال، "الوسائط التقنية عن بُعد" التي أتحدث عنها اليوم من وقت لآخر كمشكلة، هي مذكورة بالفعل في الغراماتولجيا. وهو ما يجبرنا عليه التسارع المفرط، في تطوير هذه الحالة التي تحوّل الفضاء العامّ، وعلى التفكير في الأمر بإلحاح أكثر من أي وقت مضى.

إن مقاربتي الأخيرة في التعامل مع المشاكل القانونية وقضايا القانون الدولي هي ما جعلتني ألحظ الفرق بين القانون والعدالة بشكل أوضح. إن التشكيك في تقاليد القانون والتغيير النقدي للحقوق الممنوحة هو شرط أي عمل سياسي أو أي إصلاح أو ثورة. لكن هذا التفكيك لمفهوم القانون يتم دائمًا باسم مطلب معين للعدالة لا يجب الخلط بينه وبين القانون، ولكنه يشير إلى عدم كفاية هذا المفهوم مع نفسه. عندما تكون لديك خبرة في أن حقوق الإنسان العالمية ليست كما ينبغي وهي دعوة لتوسيعها (للعمال، والنساء، والأطفال، وما إلى ذلك)، فإن هذا الادعاء يتم تقديمه باسم العدالة التي لا يمكن تفكيكها. نحيل أيضا إلى نص لبنيامين من عشرينيات القرن الماضي ("نقد العنف") لربط فكرة العدالة بالمسيحانية وأيضًا للتمييز بين المسيحية والمسيحانية: تشير المسيحية إلى صورة يمكن التعرف عليها (المسيح) بينما المسيحانية هي وعد بدون أفق التوقع أو أفق مجيء غير متوقع للآخر، موعود ولكن دون احتساب وصوله. أحاول أن أشرح هذا التقاطع بين العدالة غير القابلة للتدمير، والوعد المسيحي والطيفية. لا يمكن أن يأتي طلب العدالة من القانون، أو من المفهوم القانوني العام الذي يجب أن يطيعه، مثل المطالبة بأن ينتصر العقل، فهو لا يأتي من العقل نفسه وليس له ما يبرره عقلانيًا.

ما الفرق بين النظرية والبلاغة؟ إذا لم يكن هناك فرق: كيف نميز بين البلاغة وصناعة الترفيه؟ إذا كان الأمر كذلك، فهل يمكن أن يكون بمثابة أساس للحديث عن الإتيقا؟ (كارلوس بيريز سوتو).

دريدا: بالطبع هناك فرق بين النظرية والبلاغة. غالبًا ما اتّهم التفكيك بأنه مجرد بلاغة أو أدب حسب اعتقادهم. تشير النظرية إلى إنتاج منطق لا يمكن اختزاله في البلاغة، بمعنى فن التحدث أو الإقناع. لكني أعتقد أنه تم التغاضي عن الآثار المترتبة عن البلاغة لأجل الخطاب النقدي بشكل عام. ما حاولت فعله هو ضبط التحديد البلاغي لأشكال الخطاب، واستخدام المجاز أو الكناية في الخطاب النظري والخطاب الفلسفي فوق كل ذلك. يجب الحفاظ على التمييز بين النظرية والخطاب، ولكن في الوقت نفسه يجب إعادة النظر في هذه الحدود. من الواضح أن صناعة الترفيه ككل وكمنظمة غير فردية للخطاب تمر عبر الآلات الرأسمالية العظيمة التي تنطوي على البلاغة. إن إنتاج عرض كما يفعل المطربون أو السياسيون أو المحاضرون يفترض مسبقًا خطابًا ليس لفظيًا فحسب، بل يستعين بالإشارة والجسد وما إلى ذلك.

على سبيل المثال، السياسي الذي يتحدث اليوم على شاشة التلفزيون لمخاطبة جمهوره، يقرأ نصًا مكتوبًا بالفعل أثناء النظر إلى "المتحدث" ويتظاهر بالنظر إلى أعيننا: لقد تدخّلت البلاغة الخطابية لفن الإقناع وتم تعديلها بوساطة هذه الآلات الجديدة. تطلب منا الإتيقا أن نتجاوز بلاغة المشهديّ وتفترض أن فعل مخاطبة الأمة ينطوي على التغلب على أداتية الآلة الإعلامية-البلاغية. لكن في الوقت نفسه، لا يمكن إنتاج خطاب دون المرور بجهاز الوساطة وإعادة الإنتاج: فمجرد إنتاج جملة يعني النحو وقواعد التركيب وما إلى ذلك. والنحو هو تقنية تتدخل في الكلام، مهما كان حيويًا أو مباشرًا أو أصليًا. يجب أن تذهب الإتيقا إلى ما هو أبعد من الخطابة ولكن تتفاوض في الآن نفسه حول هذا الإفراط مع الأخذ في الاعتبار جميع الحيل البلاغية.

العلاقـات بـين التفكيـك والهيرمينوطيقـا معقّـدة أيضًـا. مـا يسـمّى عمومًـا بـ "الهيرمينوطيقـا" يشـير إلـى تقليـد التفسـير الدينـي الـذي يمـرّ عبـر شـلايرماخر واللاهوت الألماني ومصادر أخرى إلـى غادامير، ويفتـرض أن تأويـل النصـوص يجب أن يكتشف "معناها" الحقيقي والمخفي. لا علاقة للتفكيك بهذا التقليد، بل على عكس ذلك، تتحدّى الفكرة القائلة بأن القراءة يجب أن تكتشف أخيـرًا حضور معنى أو حقيقة خفية في النص. ولكن هناك أيضًا طريقة أخرى للتفكير في الهيرمينوطيقا، يُدركها نيتشه أو هايدجر، حيث لا يتألف التأويل من البحث عـن آخـر مثـال لمعنى خفي ولكـن في قراءة نشـطة ومنتجـة: قـراءة تحـوّل النـص مـن خلال اللعب على معاني متعددة ومتناقضة. هذا المعنى النيتشوي للتأويل أقرب كثيـرًا إلـى التفكيك، تمامًـا كمـا ذكـر هايدجـر (hermeneuin) الـذي لا يسـعى إلـى الكشف عن المعنى المودع في النص أو فكه، ولكن لإنتاجه بفعل شعري، بخلق قوة للقراءة والكتابة.

ما هي منزلـة النقـد اليـوم؟ إذا كـان لا ينبغـي التفكيـر فيـه إلاّ علـى أسـاس أنـه قـوة للتعبير. ألا يزال لشكل المفكر "كعامل ثقافي" معنى؟ هـل تُمنح اليـوم إمكانيـة التحدث لصالح شيء وضد آخر من الفكر النقدي؟ (سيرجيو روجاس)

دريدا: ما يشغلني لفترة طويلة في عملي هو المشاركة بطريقتي الخاصة ومن مكاني في تطوير فكر نقدي يتكيّف مع عصرنا، مع إلحاحه السياسي والأخلاقي والتاريخي، إلخ.. في الوقت نفسـه، وهـذه هـي النقطة الأولى التـي أودّ التأكيـد عليها، يبدو لي أن هذين المفهومين عن "الذاتية" و"النقد" يستدعيان أسـئلة ذات طبيعة تفكيكية ينبغي أن تزعج سلطتها وتضعفها. مـن ناحية، لا أريد أن أتخلّى عن "الذاتية النقدية" في مواجهة مـا يسـمّى "ذاتية الموظف" ولا للعمل النضالي لممارسته، ولكن من ناحية أخرى، يتطرق السـؤال إلى البنيوية: تميزت البنيوية بالتشكيك في سلطة الذات، ولا يمكن للمرء أن يتحدّث بلغة بنيوية عـن الذاتية

النقدية. بدأت حركة التفكيك – التي لها عديد من الصلات مع البنيوية – بالتشكيك في بديهياتها، ليس لإعادة تأهيل الذات ولكن لمناقشة بعض الافتراضات المسبقة لنقدها. يتطرق التفكيك لبعض المفاهيم الأساسية التي ما زالت سارية المفعول في البنيوية. من ناحية، هذه هي الطريقة التي ينظر بها التفكيك إلى ميراث البنيوية ويُشكّك فيها. ولذلك ينطبق الشيء ذاته على الماركسية.

لا يتعلق الأمر بتفكيك الفكرة النقدية للعودة إلى الدوغمائية السابقة للنقد، ولكن بإعادة تنشيط ذاكرة مفاهيمية مرتبطة بتاريخها. إن هذين المطلبين المتناقضين ظاهريًا، وهما عدم التخلي عن التقليد النقدي لكانط أو ماركس أو مدرسة فرانكفورت، على سبيل المثال، وضرورة التشكيك في حدودها في الوقت نفسه، ليسا فقط مطالب فلسفية أو تأملية، بل يتم قياسهما أيضًا في الممارسة السياسية اليومية. لنأخذ مثالاً على ذلك، تستدعي بعض المطالب الخاصة بالتحرر الاجتماعي أو القومي أو الجنسي تشييدا تأسيسيا واعترافًا بذاتية نقدية: أقلية اجتماعية تناضل من أجل الاعتراف بهويتها في عمل نشط للنضال السياسي. أعتقد أنه يجب دعم هذا الادعاء بالتحرر وهذا النضال من أجل الهوية الاجتماعية، ولكن دون التخلي عن المبادرة النقدية الأخرى لتفكيك فكرة الهوية التي تدفعها لمنعها من أن تصبح مؤسّسية. وأيضًا تعطيل خلق دوغمائية جوهرية جديدة وتوترات قومية منذ المطالبة المشروعة بلغة أو مجموعة أقلية، يمكن أن ينتهي بها الأمر إلى أن تصبح عنصرية وتولد كراهية الأجانب، وما إلى ذلك. وفقط من خلال مساءلة مفهوم الذاتية على أنها هوية الذات الحاضرة لنفسها، والمستقرة والآمنة، يمكن للمرء أن ينتقد بنشاط الهويات التي تستقر أو تتمأسس. عند الحديث عن هاتين الحركتين، فإنني لا أتحدث عن تحالف بين نظريتين بل عن توتر نشط ليس فقط في مجال الخطاب ولكن عن النضال السياسي أيضًا.

تجبرنا هذه الصعوبة على تحمل مسؤولياتنا. إذا لم نواجه هذه المهمة المزدوجة التي تنطوي على إشارات متناقضة، فلن تكون هناك مسؤولية أو قرار، بل آلة برنامجية ومبرمجة. يجب أن يجتاز القرار أو المسؤولية اختبار التناقض وعدم القدرة على اتخاذ القرار. لا يوجد تناقض بين القرار وما هو غير قابل للتقرير: غير القابل للتقرير هو شرط القرار. يفترض كل قرار تقييمًا للوضع الفردي الذي يتم فيه تحمل المسؤولية للتوضيح والتفاوض بشأن هاتين الحركتين المتناقضتين. لا توجد قاعدة عامة أو ضمان مسبق. نحن دائمًا محاصرون في فضاء يتعلق بالذاتية النقدية والذاتية الرسمية أو المؤسسية. لا أعتقد أن هذه المعارضة تسمح لنا بالاختيار بين الاثنين لأنه لا توجد مناطق جامحة من اللامؤسسية.

أعتقد أنه يجب بذل كل ما في وسعنا -باسم النقد التحرّري- لتجنب أن نصير مثقفي دولة أو مثقفين عضويين أو موظفين، أو حتى "وكلاء ثقافيين". لكن في الواقع، نحن نشارك حتمًا في كل ما نرفضه: فالأمر لا يتعلق بإنكار هذا الوضع بل بالقيام بعمل يزعج أو يعطّل النسق المهيمن للثقافة. أنا أكره كلمة "ثقافة" لأنها محيرة، وبالنسبة لي الفلسفة والفكر هما شيء آخر، بل هو عكس ما يسمى "الثقافة". ومع ذلك، فإن الثقافة لديها القدرة على استعادة كل ما هو وراءها باستمرار، وعلى الرغم من عدم وجود شيء يقف في طريق الثقافة أكثر من التفكيك، يجب أن أعترف أن هناك ثقافة تفكيكية، وتأثيرات ثقافية للتفكيك. لذلك، لا يتعلق الأمر بالانتفاضة ضد المؤسسات، بل يتعلق بتحويلها من خلال النضالات ضد الهيمنة أو السيطرة أو الغطرسة في كل مكان؛ حيث يتم تنصيبها وإعادة إنشائها.

سؤال آخر عن أطياف ماركس: في بداية كتاب الثامن عشر من برومير لويس بونابرت، يقول ماركس: كتب هيجل أن التاريخ يعيد نفسه، لكنه نسي أن يضيف

أنه يكرر نفسه مرتين، الأولى كمأساة والثانية كمزحة. فيما يتعلق بهذه البداية من وقوع الأحداث في نص ماركس، يتبادر إلى ذهني أن أتساءل لماذا "أطياف" ماركس وليس ماركس "كعائد" مثل الطيف، مثل الظهور مرة أخرى. (جوستو ميلادو باستور).

دريدا: أعتقد أن عنوان الكتاب أطياف ماركس يعني كلاً من الأطياف التي يتحدث عنها ماركس في عمله والصور الطيفية المختلفة لماركس نفسه التي تظهر اليوم مرة أخرى في عدة مناسبات. ما أودّ تذكّره هو اهتمامي الطويل الأمد بالطيفية والأشباح الموجودة بالفعل في نصوصي الأولى والتي لا تنفصل عن اهتمامي بالتقنية. يفتح تطوير التقنيات والاتصالات السلكية واللاسلكية اليوم مساحة لواقع طيفي. أعتقد أن هذه التقنيات الجديدة، بدلاً من قمع الشبح – لأننا نعتقد أن العلم يطرد الوهم – تفتح المجال لتجربة الطيفية التي لا تكون فيها الصورة مرئية أو غير مرئية، لا محسوسة أو محسوسة. وكل هذا يمر بتجربة حداد لطالما ربطتها بمسألة الطيفية التي نواجه فيها الأثر والمتواري واللاّحضور. أنا أصرّ كثيرًا على مسألة الإعلام وتحويل الفضاء العام من خلال تقنيات الوسائط المتعددة الجديدة التي هي آلات لإنتاج الأطياف. لا يوجد مجتمع يمكن فهمه اليوم بدون هذه الطيفية الإعلامية، أو بدون الإشارة إلى الموتى والضحايا والمختفين الذين يشكّلون خيالنا الاجتماعي. لا يوجد تحليل سياسي للحقل الاجتماعي ما لم تحدّده هذه الوفيات.

عن الضّيافة

حوار متلفز مع جاك دريدا على فرانس كولتور.
إنتاج أنطوان سبير، 19 ديسمبر 1997

يحظى إيمانويل لفيناس بمكانة كبيرة لـديكم. لقد نشرتم، مـن جهة، الخطاب التأبيني الملقى في جنازته، ومـن جهـة أخرى، دراسـة عـن عملـه الفكري بعنـوان (وداعا إيمانويل ليفناس) المثير للدهشة في علاقته بليفيناس، فيلسوف الآخر قبل كل شيء، قد نقـول إن الآخر سيبقى دائمًا شخصًا آخر، حتى لو تخيل المـرء الآخر أنه هو نفسه، حتى لو كان أحدهم تخيّل الآخر كآخر، كواحد، فهناك دائمًا بقايا من الغيرية لا يمكن أن تُحاط بالكامل أبدًا. هـذه نقطـة أساسية بالنسـبة لكـم الآن...

دريدا: فكر ليفيناس هو فكر عظيم عن الآخر. يجب أن أقـول، قبـل محاولة الإجابة عن سؤالك، إنـه في الوقت الحالي، أصبحت بعض المفردات مزعجة بعض الشيء من قبيل: "الآخر"، و"احترام الآخر"، و"الانفتاح على الآخر"، ومـا إلى ذلك. هنـاك شيء أصبح ميكانيكيًا في هـذا الاسـتخدام الأخلاقـي لكلمة "الآخر"، وفي بعض الأحيـان، يوجد أيضًا، في الإشارة إلى ليفناس، شـيء كـان ميكانيكيًا إلى حدّ ما، وسهّل بعض الشيء [ويقـود للتقوى والفضيلة] لسنوات عديدة. لذلك أودّ، باسم هذا الفكر الصّعب، أن أعترض على هذا التبسيط.

باسم فكر الآخر، أي عدم قابلية الآخر للاختزال اللانهائي، حـاول لفيناس إعادة التفكير في التقليد الفلسفي بأكمله. مشـيرًا بمثابرة وإصرار عنيـد إلى مـا لا

يزال غير قابل للاختزال في الآخر، أي الآخر بلا حدود، تساءل عن ما يسميه الأنطولوجيا وأعاد تسميتها، أي فكرة تنتهي دائمًا باسم الكينونة، باختزال هذه الأخرية منذ أفلاطون إلى هايدجر؛ كما عارض هذه الأنطولوجيا ضمن ما يسميه بطريقته الخاصة "الميتافيزيقية" أو "الفلسفة الأولى"، وإعادة هيكلة هذه الفلسفة التي تستمد جميع نتائجها من التعالي اللامتناهي للآخر. من وجهة نظره تلك، تمتّع لفيناس بعلاقة غير وفية مع الأنطولوجيا، ما جعل تفكيره أحد أكبر الصدمات في عصرنا. لازمتني هذه الفكرة طوال حياتي البالغة. بطبيعة الحال، كانت هناك تفسيرات وبدايات؛ ربما، إن لم تكن الخلافات، والتحولات التي لطالما جعلتني تحت وطأة الدّهشة على الأقل.

هل يمكن أن تشرح لنا كيف أن هذه المسافة اللامتناهية مع الآخر، اللامعرفة غير القابلة للاختزال للآخر، هي عنصر صداقة وضيافة وعدالة بالنسبة إلى لفيناس؟

دريدا: بالإشارة إلى الحس السليم البسيط – إذا جاز التعبير –، فلا يمكن أن تكون هناك سوى صداقة أو ضيافة أو عدالة حيث تؤخذ فيها آخرية الآخر بعين الاعتبار، كآخرية مطلقة ولانهائية وغير قابلة للاختزال في آن معا، حتى لو كانت في ما لا يُحصى. يذكّرنا لفيناس بأن اللغة، أي الإشارة إلى الآخر، هي في جوهرها صداقة وضيافة. ومن جانبه، لم تكن هذه الأفكار سهلة: عندما تحدّث عن الصداقة والضيافة، لم يستسلم لـ "المشاعر الطيبة".

ومع ذلك، فإن مصطلح الضيافة ليس واضحًا كما يبدو، ويمكنك شرحه بنفسك من خلال العودة إلى الجينيالوجيا الخاصة بكم، ولا سيما مع تحليلات بنفنست. يبدو لي أن لفيناس حاول الانفصال عن مفهوم محتمل للضيافة، والتي يربطها بالحق، أي بمفهوم الماهو، والأنا المضياف الذي يتولّى السلطة على الآخر.

دريـدا: لا تُخَتَـزل الضيافة ببساطة، في الاستخدام الـذي يوظّفـه لفيناس لهذا المصطلح، على الرغم من أنها كذلك أيضًا، من أجل: ترحيبه بالغريب، في منزله، في وطنه، في مدينته. مـن اللحظة التي أفتحها، أنا "مضيف" – توظيفا لمصطلح لفيناس للإشارة إلى الآخر، فأنا تحت تصرف لجوء. حتى في الحرب، والـرفض، وكراهيـة الأجانـب تعني أنـه عليّ التعامـل مـع الآخـر، وبالتالي، فأنا منفـتح حقـًا علـى الغير. والانغـلاق ليـس أكثـر مـن ردّ فعـل علـى الانفتـاح الأوّل.

من هذه الرؤية، فإن الضيافة هي الأولى. أن أقول إن هذا هو الأول هو أنه حتى قبل أن أكـون نفسي هـو ومـن أنـا عليه، أعتقد أن انفصـال الآخـر يجب أن يكـون قد أسّس لهـذه العلاقة مع نفسي. بعبـارة أخـرى، لا يمكنني أن أكـون علـى علاقة مع نفسي ذاتها، مع "كينونتي فيّ"، إلا بقدر ما سبق انفصال الآخر عن أنانتي الخالصة. لهذا السبب، في مسار لفيناس، ما أحاول إعادة تشكيله بطريقة معينة في هذا الكتاب الصغير، بمثابة نقطة البداية وهي فكرة الاستقبال/ الترحيب، وهو الموقف الأول للـذات تجاه الآخـر؛ مـن فكـر المضيف إلى فكرة الرهينة. أنا بطريقة ما رهينة الآخر، وحالة الرهائن هذه التي أكون فيها بالفعل ضيفًا للآخر من خلال الترحيب بالآخر عندي، حيث أكون ضيفًا لـ / أو / على آخر، يحدد هذا الوضع الرهينة مسؤوليتي الخاصة. عند الكلام عـن "أنـا هنا"، فأنا مسـؤول أمـام الآخـر، "أنا هنا" تعني أنني بالفعل فريسة للآخر ("الفريسـة" هـي تعبير لفيناس). إنها علاقة متوترة. هذه الضيافة ليست بسيطة وهادئة. أنا فريسة للآخر، والرهينة الأخرى، ويجب أن تستند الإتيقا على بنية هذه الرهينة.

نحن نفهم، من خـلال الاستمـاع إليهـا، مـا يميـز هـذه الفكـرة عـن فكـرة المشـاعر الطيبة. لكن ألا تُعطي كلمـات الاحتـرام للآخرين وصفًا أفضل لفكر لفيناس؟ احترام الآخرية بقدر ما تكون الآخرية دائمًا أمرًا يبعدني.

دريدا: لهـذا المفهـوم تـاريخ فلسـفي طويـل. عندما تحدّث كـانط عـن الاحترام، فإنه تحدث عن احترام القانون، وليس احترام الآخر فقط. احترام الإنسان بالنسبة لكانط ليس مثالا وحيدا؛ الإنسان هو مثال واحد فقط من القانون الذي يجب أن أحترمه. بالنسبة إلى لفيناس، فإن مفهوم الاحترام، قبل أن يكون وصية، يصف حالة المسافة اللاّمتناهية التي كنا نتحدث عنها: الاحترام هو النظرة، والنظرة عن بعد. وكمـا تعلمـون، يعيد لفيناس تعريف الشخص والأنا والآخر كوجوه. ما يسمّيه الوجه، سواء في التقاليد اليهودية أو وفقًا لمصطلحات جديدة، يستحق الاحترام. منذ اللحظة التي أكون فيها بالنسبة إلى وجه الآخر، حين أتحدث إلى الآخر، وفيها أستمع إلى الغير، يكون بُعد الاحترام مفتوحًا. من ثم على الأخلاق أن تتماشى مـع هـذا الموقف بالطبع، وأن تقاوم كل أشكال العنف التي تتكوّن من قمع الوجه أو تجاهله أو تقليل الاحترام.

هناك مصطلح لفيناسي آخر قمتم بتحليله في هذا العمل، هو مصطلح "السلام". ومفهوم السلام بدوره يأتي أولاً، مثله مثل مفهوم الضيافة.

دريـدا: لنفـترض أن السـلام بالنسـبة لـه يـأتي أولاً، تمامًا مثل الضيافة والصداقة؛ إنها بنية اللغة الإنسانية ذاتها. هذا لا يستبعد الحرب، ويبدو أن لفيناس يقبل بإمكانية حدوث الحرب. عندما يعارض دولة داود ضد دولة قيصر، فإنه يقبل هذا الاحتمال. إنه في علاقة تناقض أو انسجام مع الموقف الكانطي: بالنسبة لكانط، فإن الحالة الأصلية للعلاقات بين البشر، في الحالة الطبيعية، هي علاقة حـرب. لهـذا السـبب، يجب أن يكون السـلام مؤسسـة، يجب أن يـتم بناؤه كمجموعـة مـن الأدوات، مـن المشـاريع الثقافيـة بطريقـة معينـة، سياسـية بشـكل خالص، للحدّ من هذا العداء الأصلي.

مع لفيناس يحدث العكس بطريقة ما: إنها مسألة مِنّة على السـلام الأول، والاعتراف بهـذا السلام الأول من أجل محاولة للتوجه نحو سلام أخرويّ نوعا

ما، من خلال الحرب أحيانًا. إنها لفتة تختلف عمّا قام به كانط، وفي الوقت نفسه مماثلة لها، لأن كانط يريد أيضًا، من خلال المؤسسة – مؤسسات السلام العالمي، معاهدات السلام العالمية على سبيل المثال – إعادة اكتشاف كرم الضيافة عالميًا. شرح كانط أنه على الرغم من وجود حالة حرب في الطبيعة، فإن القانون الطبيعي يعني ضمنا ضيافة عالمية: لا يمكن أن يتشتت البشر بشكل لا نهائي على سطح الأرض، وبالتالي يجب أن يتعايشوا. لذلك، في كلتا الحالتين، هناك سلام شامل ودائم في أفق التاريخ. في هذه المرحلة، يتقاطع كانط ولفيناس، كما يحدث غالبًا، من خلال الكيازم.

متى وأنتم تشتغلون على السياسي، وأنتم تفعلون ذلك بشكل متكرّر لتعطيل المفاهيم التقليدية: أفكر قبل كل شيء في مفهوم الكونية أو التسامح، الذي تعتبرونه غير مرض والذي كان مهمًا جدًا للتنوير مع ذلك، ولكنه اليوم غير كاف؛ في مفهوم الإخاء، الذي تنتقده أيضًا، لأنه يطمس ديمقراطية معينة قادمة. أودّ لو تخبرنا عن هذه الطريقة في إزعاج المفاهيم التقليدية بشكل مفرط.

دريدا: هذه بالفعل ثلاث عقد أساسية. بالطبع، أدعو إلى مزيد من الكونية. الكونيون من كل البلدان.. جهد **إضافي**! يلعب مع ساد وماركس، فهذا يعني أننا لسنا بعد كونيين بما يكفي، وعلينا أن نفتح الحدود؛ لكن في الوقت نفسه، الكوزموبوليتانية ليست كافية. الضيافة التي كانت تنظّمها الدولة ببساطة، من خلال العلاقة مع بعض المواطنين على هذا النحو، لا تبدو كافية. الاختبار، التجربة الرهيبة لقرننا، كان ولا يزال هو تهجير أعداد كبيرة من السكان الذين لم يشكّلوا كمواطنين والذين لم تكن قوانين الدول القومية كافية لهم. لذلك، يجب أن تتكيّف أخلاقنا الترحيبية، سياستنا الترحيبية، مع ما وراء الدولة، وبالتالي، يجب أن نتجاوز الكونية. في قراءة لكانط، أحاول أن أوضح إلى أي مدى تعتبر

كوزموبوليتانية كانط العالمية شيئًا رائعًا يجب أن نتجه نحوه، ولكن يجب أن نعرف أيضًا كيف نتجاوزه.

بخصـوص التسـامح؛ حاولـت أن أبيـن، في ملاحظـة قصيـرة، إلـى أي مدى أُشير إلى مفهـوم التسامح، الـذي يحظى لديّ باحترام كبير، بالطبع، مثل أي شخص آخر، في النصوص التي تدمجه، على سبيل المثال في فولتير، من قبل تراث مسيحي. إنّ التقليد مفهوم مسيحي، محترم بهذا المعنى، لكنه قد يكون غير كافٍ -ربما- مـن منظور الانفتاح أو الضيافة على ثقافات معينة أو مسـاحات لا يهيمن عليها الفكـر المسيحي. سيقال الشـيء نفسه فيما يتعلق بالإخاء. إنني أكِنّ احترامًا كبيرًا للإخاء، فهو سبب كبير للشعار الجمهوري، حتى لو ظهرت أثناء الثورة مشـاكل كثيرة لجعل قبول الإخاء أمرا مسيحيًا للغاية.

لقد حاولتُ في **سياسات الصداقة** أن أسائل مفهوم الإخاء بشكل مزعج لعدة أسباب: أولاً، لأنه متجذر في الأسرة، مع الجنيالوجيا، مع الأصالة؛ ثانيًا، لأنه يتعلق بمفهوم الأخوّة وليس عن الأخوّة، أي أنها تؤكد على هيمنة ذكورية. وبالتالي، بقدر ما يدعو إلى التضامن البشري بين الإخوة وليس الأخوات، يجب أن تلهمنا بـبعض الأسـئلة، وليس بالمعارضـة فقط. ليس لدي أي شـيء ضـد الأخوة، لكني أتساءل عمـا إذا كـان الخطاب الـذي تهـيمن عليه القيمة التوافقية للأخوة ليس له تضمينات مشبوهة. (الأخوة، الإخاء، التآخي).

تستمرون في توضيح قانون غير مشـروط للضيافة اللامحـدودة في كتابكم عن الضيافة، ولكن عندما يتم تنفيذ هذه الضيافة أحيانًا في القوانين أو القانونيـة، أي في القانون، ستتموقع في نطاق محدود، في نظام الحقوق والواجبـات التقليدية. ومع ذلك، بين القوانين التي تفرض قيودًا بالضرورة على الضيافة والقانون اللامحدود بالضرورة، يجب أن نسعى لإيجاد شيء يوفر اللعب ووسيلة للتدخل.

دريدا: هـذه "اللعبـة" هـي مكـان المسؤولية. على الـرغم مـن حقيقـة أن لامشروطية الضيافة يجب أن تكون لانهائية وبالتالي غير متجانسـة مـع الظروف التشريعية والسياسية ومـا إلى ذلك، فإن هـذا التبـاين لا يعني المعارضة. لكي تتجسّـد هـذه الضيافة غيـر المشـروطة، لكـي تصبـح فعالـة، يجب تحديـدها، وبالتالي، تؤدي إلى اتخاذ تدابير عملية، لسلسلة من الشروط والقوانين، التي لا تنسى التشريعات المشروطة حتمية الضيافة التي تحدثتم عنها. (هناك لاتجانس بدون معارضة، لاتجانس وما لا يمكن فصله).

لهـذا السـبب، يجب أن نميز باستمرار مشـكلة الضيافة بالمعنى الـدقيق لمشكلة الهـجرة، والسيطرة على تدفّقات الهـجرة: ليسـت مسـألة لهـا البعـد ذاتـه، حتى لـو كـان الاثنـان لا ينفصـلان. يتمثـل الابتكـار السياسـي والقرار السياسي والمسؤولية في إيجاد أفضل التشريعات أو أقلها سوءًا. هذا هو الحدث الـذي يجب ابتكـاره في كـل مـرة. مـن الضـروري أن نبتكـر في وضـع متماسك ومحـدّد، على سبيل المثال في فرنسا اليوم، أفضل تشريع حتى يتم احترام الضيافة على أفضل وجه. هـذا هـو المكـان الـذي يدور فيـه النقـاش السياسـي والبرلمـاني بين جميـع القـوى الاجتماعيـة. لا توجـد معاييـر مسـبقة ولا أيّ قاعـدة أوليـة؛ هنـاك، عليك أن تبتكر القواعد الخاصة بك. هـذا هـو المكـان الـذي تتصـادم فيه جميع القوى الاجتماعيـة والسياسـية في فرنسا اليوم لتحديد ما يعتبره الجميع أفضل معيار.

العدل لا ينفصل عن القانون؟

دريدا: وهذا ما حاولت تبيّنه في الواقع. أي أن العدالة كانـت غيـر حاسـمة أمام القانون، وأن هناك تجاوزًا للعدالة فيما يتعلق بالقانون، ولكن هذا يتطلب أن تكون العدالة ملموسة وفعّالة، أن تتجسّد في القانون والتشريع. بطبيعة الحال، لا يمكن لأيّ قانون أن يكون مناسبًا للعدالة، وبالتالي هنـاك تاريخ للقانون، ولهـذا

73

السبب تتطوّر حقوق الإنسان، ولهذا السبب يوجد تحديد وإمكانيات لا نهاية لها بدون نهاية للقانوني، على وجه التحديد لأنّ نداء العدالة لانهائي. (هناك مرة أخرى، العدل والقانون غير متجانسين ولا ينفصلان، هما بحاجة إلى بعضهما البعض).

لقد تطرقتم إلى مسألة اللغة عدة مرات. يقال إن الحد الأدنى هو مراعاة الاختلاف في اللغات الموجودة عند الأجانب حينما نريد التحدث عن الضيافة. عندما نقرأ لكم، في البداية بطريقة بسيطة للغاية، يبدو أن الأمر يتعلق بمسألة اللغة المنطوقة فقط وأنه يجب ترجمة هذه اللغة. في الواقع، يتعلق الأمر أيضًا بمسألة النماذج الثقافية وأنواع التدخل، مع مراعاة تراث مختلف عن تراثنا. إن الإصغاء إلى الآخر، والعودة إلى لفيناس، في مجملها، في آخريتها، يعني مراعاة تراثها في آخريتها الكلية، بما في ذلك الآخرية اللغوية.

دريدا: مشكلة درامية. إن الحفاوة بالآخر في لغته تعني بطبيعة الحال أخذ لغته بعين الاعتبار، وليس مطالبته بالتخلي عن لغته وكل ما تجسده من الأعراف والمعايير والثقافة (ما نسميه ثقافة)، والعادات، إلخ.. اللغة جسد، لا يمكننا أن نطلب من الآخر التخلي عنها... إنها تقليد، ذكرى، أسماء العلم. يبدو من الصعب اليوم ومن الواضح أيضًا مطالبة دولة قومية بالتخلي عن مطالبة المرحّب بهم بتعلم لغتها وثقافتها بطريقة معينة.

إنه النموذج الاندماجي السائد في فرنسا اليوم، من جهتي اليسار واليمين. يقال إنه من الجيد الترحيب بالأجنبي، ولكن شريطة الاندماج، أي أن يعترف الأجنبي أو المهاجر أو المواطن الفرنسي الجديد بقيم العلمانية والجمهورية واللغة والثقافة الفرنسية. يجب إيجاد القرار الصّائب، مرة أخرى، بين فائض النموذج الاندماجي الذي سينتهي به الأمر ببساطة إلى محو كل غيرية، من خلال مطالبة الآخر بالنسيان، بمجرد وصوله، ينسى كل ذاكرته، كل لغته، كل ما فيها.

الثقافة، والنموذج المعاكس متمثلا في الاستسلام الذي يتطلب أن يتعلم الوافد لغتنا.

وهكـذا، سـواء في المجـال السياسـي أو في مجـال الترجمـة الشـعرية أو الفلسفية، فإن الحدث المـراد ابتكـاره هـو حدث للترجمة. لا توجد ترجمة في تجانس لا لبس فيه، ولكن اجتماع اللغـات المتفق عليها والمقبولة دون إعطاء أكبر قدر ممكن من تفردها، يعدّ اختيارا صعبا في جميع الأوقات.

مبدأ الضّيافة

حوار بين جاك دريدا ودومينيك دومبر [1]

لوموند: في كتابكم الأخير، الضيافة، تعارضون "القانون غير المشروط للضيافة اللامحـدودة" و"قـوانين الضـيافة، تلـك الحقـوق والواجبـات دائمًـا مشـروطة وشرطية". ماذا تقصدون بذلك؟

دريدا: بين هاتين الصورتين الخاصتين بالضيافة يجب تحمّل المسؤوليات وكيفية اتخاذ القرارات. محنة مخيفة، لأنه إذا لم تتعارض ضيافتان مـع بعضـهما البعض، ستظلان غير متجانستين في اللحظة نفسها التي يؤكدان فيها صورتهما بطريقة مقلقة. ليست كل أخلاقيات الضيافة هي نفسها بالطبع، لكـن لا توجد ثقافة أو رابط اجتماعي دون مبدأ الضيافة. حتى أن هذا الأمر يجعـل الترحيب دون حجز أو حساب مرغوبا فيه، وهو تعرض غير محدود عند الوصول. ومع ذلك، فإن المجتمع الثقافي أو اللغوي والأسرة والأمة، لا يسعه إلا أن يعلق، على الأقل، أو حتى يخون مبدأ الضيافة المطلقة:

حماية "المسكن" (chez soi)، بـلا شـك، مـن خـلال الضـمان "الخالص" والصالح ضد وصول غير محدود للآخر؛ ولكن محاولة جعل الترحيب فعالًا وحازمًا وملموسًا لتنفيذه أيضًا. ومن هنا جاءت "الشروط" التي تحوّل الهبة إلى عقـد، والانفتـاح على ميثـاق محـروس؛ ومـن هنا تـأتي الحقـوق والواجبـات والحدود والجوازات والبوابات، ومن هنا تأتي قوانين الهجرة ليتمّ "التّحكّم في

---

(1)   لوموند، 2 ديسمبر 1997.

"تدفقاتها". صحيح أن رهان "الهجرة" لا يتداخل بشكل صارم مع رهان الضيافة التي تتجاوز الفضاء المدني أو السياسي البحت ويجب أن نتذكر ذلك. في النصوص التي تقتبسها، أقوم بتحليل ما، بين "اللامشروط" و"الشرطي"، وهي ليست معارضة بسيطة. إذا ظلت دلالتا الضيافة غير قابلتين للاختزال في بعضهما البعض، فمن الضروري دائمًا، باسم الضيافة الخالصة والقطعية، لجعلها فعالة قدر الإمكان، ولابتكار أفضل الأحكام، وأقل الظروف سوءًا، وأنصف التشريعات. هذا ضروري لتجنب الآثار الضارة للضيافة غير المحدودة، والتي حاولتُ تحديد مخاطرها. لحساب المخاطر، نعم، ولكن ليس لإغلاق الباب أمام ما لا يُحصى، أي للمستقبل وللأجنبي، هذا هو القانون المزدوج للضيافة. يحدّد المكان غير المستقر للاستراتيجية والقرار. كلا من الكمال والتقدم. يتم البحث عن هذا المكان اليوم، على سبيل المثال في المناقشات حول الهجرة.

غالبًا ما ننسى أنه يجب السعي لتحديد أفضل الظّروف باسم الضيافة غير المشروطة (التي تعطي معنى لأي ترحيب آت من الخارج)، أي هذه الحدود التشريعية، وقبل كل شيء هذا التنفيذ للقوانين. يُنسى هذا دائمًا في رهاب الأجانب بحكم التعريف؛ ولكن يمكن أيضًا نسيانها باسم تأويل معين لـ "البراغماتية" و"الواقعية". على سبيل المثال، عندما تعتقد أنه يتعين عليك تقديم وعود انتخابية لقوى الإقصاء أو الانسداد. هذا التكتيك، المشكوك فيه وفي مبادئه، يمكن أن يخسر أكثر من روحه: الربح بالطبع.

لوموند: في العمل نفسه، تطرحون هذا السؤال: "هل تتكون الضيافة من استجواب المضيف؟"، في المقام الأول، في طرح اسمه، "أم أن الضيافة تبدأ بالترحيب دون أسئلة؟" هل الموقف الثاني أكثر انسجاما مع مبدأ "الضيافة اللامحدودة" الذي ذكرتموه؟

دريدا: مرة أخرى، يتم اتخاذ القرار في صميم ما يبدو سخيفًا، من المستحيل نفسه (تناقض، توتر بين قانونين متساويين في الإلزام لكن بدون معارضة). إن الضيافة الخالصة هي الترحيب بالمضيف قبل وضع شروط له، قبل معرفته وسؤاله أو طلب أي شيء منه، سواء كان اسمًا أو "أوراق" إثبات الهوية. لكن هذا يفترض أيضًا أن نخاطبه بشكل فرديّ، ثم نسميه/ ندعوه ونعرفه باسم علم: "ما اسمك؟". تتمثل الضيافة في القيام بكل ما هو ممكن لمخاطبة الآخر، ومنحه أو حتى طلب اسمه، وتجنب أن يصبح هذا السؤال "شرطًا"، أو تحقيقًا لدى الشرطة، أو نقلًا، أو مجرد مراقبة حدودية. فرق دقيق وأساسي، سؤال ينشأ عند عتبة "الوطن" وعلى العتبة بين تصريفين. الإتيقا التي تقرره هي فن وشعرية، ولكن سياسة كاملة تعتمد عليه.

لوموند: تـذكرها في النص نفسـه: "الأجنبي هـو قبل كل شيء غريب عـن لغة القانون التي يُصاغ فيها حق الضيافة، حق اللجوء، حدوده، معاييره، حصانته. يجب أن تطلب حسن الضيافة بلغة ليست لغتك، بحكم التعريف. هل يمكن أن يكون الأمر غير ذلك؟"

دريدا: نعم، ربما يكون أوّل عنف يتعرض له الأجانب هو الاضطرار إلى تأكيد حقوقهم بلغة لا يتحدّثون بها. تعليق هذا العنف شبه مستحيل، مهمة لا تنتهي على أي حال. هذا سبب إضافي للعمل بشكل عاجل لتغيير الأشياء. يُفرض هنا واجب هائل ومرهق للترجمة، وهـو ليس فقط بيداغوجيا، "لسانيا"، محليًا ووطنيًا (تدريب الأجنبي على اللغة والثقافة الوطنيتين، على سبيل المثال في تقليد القانون العلمـاني أو الجمهوري). هـذا يتطلب تحوّلا في القانون، وفي لغات القانون. بقدر ما قد يبدو قاتما ومؤلما، فإن هذا التقدم جار. إنه يؤثر على التاريخ وأهم البديهيات في القانون الدّولي.

لومونـد: تتـذكر إلغـاء فيشـي لمرسـوم كريميـو عـام 1870 الـذي منـح الجنسـية الفرنسية ليهود الجزائر. لقد عشت هذا الوضع الغريب عندما رأيت نفسك في عزّ شبابك بدون جنسية. ما رأيك في تلك الفترة؟

دريدا: مرة أخرى، تحتشد أشياء كثيرة جدًا لقولها هنا. ممّا يحضرني من أعماق ذاكرتي، هذا فقط ما أود تذكّره اليوم: إن جزائر تلك الحقبة تشبه ما نحن عليه الآن، مختبرًا تجريبيًا، حيث يمكن للمؤرخ أن يعزل علميًا وموضوعيًا المسؤولية الفرنسية البحتة إبان اضطهاد اليهود، هذه المسؤولية التي طلبنا من ميتران الاعتراف بها، وهو ما فعله شيراك لحسن الحظ فيما بعد. لأنه لم يكن هناك ألماني واحد في الجزائر حينها. كل شيء كان يعتمد على تطبيق من قبل الفرنسيين، من قبلهم فقط، لقانونين أساسيين لليهود. في الخدمة المدنية، في المدرسة والجامعة، في إجراءات المصادرة، كان هذا الإعدام في بعض الأحيان أكثر وحشية مما هو عليه في فرنسا نفسها. ما يجب تضمينه في سجّلات العمليات الجارية وما يندم عليه..

أعلن ميشيل روكار (Michel Rocard) قبـل بضـع سـنوات أن "فرنسـا لا تسـتطيع تحمل كل بؤس العالم". بماذا تلهمكم هذه الكلمـات؟ حاليًا ما رأيكم في الطريقة التي تنظّم بها حكومة جوسبان المهاجرين غير الشرعيين جزئيًا؟

دريـدا: يبـدو أنني أتـذكر أن ميشيل روكار (Michel Rocard) سـحب هـذه الجملة المؤسفة. إما لأنها حقيقة بديهية (من كان يعتقد أن فرنسا، أو أي بلد آخر، يمكن أن "يمتص كل البؤس في العالم"؟ من سأل؟)، أو لأنها بلاغـة وهـوام يهدف إلى إحداث تأثيرات تقييدية وتبرير الانسـحاب، والحمايـة، ورد الفعل ("بما أننا لا نستطيع قبول كل البؤس، فهل يمكننا ذلك؟ دعونا لا نلومه أبدًا على عدم القيام بذلك بشكل كافٍ أو حتى عدم القيام به على الإطلاق").

وهذا بلا شك التأثير (التدبيري والاقتصـادي والمربك) الذي أراد البعض استغلاله وهو ما ندم عليه ميشيل روكار، مثل آخرين. بالنسبة لسياسـة الهجرّة

الحالية، إذا كان علينا التحدث عنها بهذه السرعة، فإنها تقلق أولئك الذين قاموا بحملات من أجل المهاجرين غير المسجلين/ أو بدون وثائق (لإيوائهم عند الضرورة، كما أفعل اليوم أيضًا)، أولئك الذين ملأتهم وعود معينة من الأمل. يمكننا أن نأسف على أمرين على الأقل:

أن قوانين "باسكوا – دوبري" (Pasqua-Debré) لم تُلغَ بل تم تعديلها. إلى جانب حقيقة أنه تم إرفاقها بقيمة رمزية (وهذا ليس فقط أي شيء)، يحدث أحدهما: إما أن يتم الاحتفاظ بالجزء الرئيسي منها وليس من الضروري التظاهر بخلاف ذلك؛ أو تعديلها بشكل أساسي وليس هناك حاجة لمحاولة الإغواء أو الاسترضاء، من خلال ربط التسمية الفريدة "باسكوا – دوبري" (Pasqua-Debré) بمعارضة انتخابية يمينية أو يمينية متطرفة. هذه الأخيرة، على أي حال، ستحصد ثمار هذا الانسحاب. هنا نحتاج إلى شجاعة سياسية، وتغيير في المسار، وإخلاص للوعود، وتربية مدنية. (لا ينبغي أن ننسى، على سبيل المثال، أن عدد المهاجرين لم يتزايد – بل على العكس تمامًا –ولا يهدّد لعقود).

ضمن الحدود السارية رسميًا، تبدو إجراءات التنظيم الموعودة بطيئة ومحدودة، في جو حزين ومتوتر وساخط. ومن هنا تولّد قلق أولئك الذين ناضلوا من أجل سياسة أخرى دون أن يطلبوا فتحًا خالصا وبسيطًا للحدود، وقد فعلوا ذلك بالاعتماد على الأرقام والإحصاءات (استنادًا إلى العمل المدعوم من قبل الخبراء والجمعيات المختصة الذين كانوا يعملون في هذا المجال لسنوات) بطريقة "مسؤولة"، وليس "بشكل غير مسؤول" كما تجرّأ أحد الوزراء الذين يحسبون اليوم على قول ذلك جيدًا، كما أعتقد، وهي علامة سيئة دائمًا، بـ "عباراته الصغيرة" التي تشكّل "الحد الحاسم".

النِّسوية والرّاديكالية التّفكيكيّة
تأمّلات في الخطاب والأسلوب والاستراتيجيّة[1]

"إن رفض كلّ خطاب مرتبط بالرجل يمكن أن يسبب توتّرًا وضعفًا في الاستراتيجية النسوية التي يجب أن ننتبه لها. كما تعلمون جيدًا، إنها التفاتة تتكرر كثيرًا وتتألف من هذه العبارة: "لا! هذا هو خطاب الرجل، مهما كان نسويًا، لا نريد خطاب الرّجل" وغالبًا ما يكون ذلك مصحوبًا بتراجع".

جاك دريدا، مفكّر فرنسي معاصر، يطبّق خلال كتاباته – الغفيرة بالفعل – ما أطلق عليه "الإستراتيجية العامة للتفكيك"، التي ليست نقدًا سلبيًا – مدمرًا – للفلسفة التقليدية –كما هو شائع عنه– ولكنها نوع من «الدّعامة» للتدخل النشط (النظري والعملي) في مجال إشكاليته. إذا كانت مركزية الصوت والعقل، في إطار هذا التقليد، تشير بالضرورة إلى العلاقة المباشرة والطبيعية للفكر (اللوغوس المرتبط بالحقيقة والمعنى) بالصّوت (الفون الذي يخبر المعنى)، فإن مركزية الصوت والعقل تُظهر، بدورها، التضامن الوثيق الموجود بين "إقامة الرمزية الأبوية (الخطاب، الاسم الخالص للأسرة، الملك، القانون، الصوت، الأنا، إلخ) والقضيب "كدال متميز".

التفكيك بوصفه ممارسة نصية، يفترض التشتيت/الانتشار، "إعادة التخصيص المستحيل للمفهوم وللحيوانات المنوية (أحادي المركز، الأبوي، العائلي)"، أي الانتشار باعتباره ما لا يعود إلى الأب، يفترض إزاحة صارمة

---

(1)   مقابلة مع جاك دريدا. بقلم كريستينا دي بيريتي. نُشرت في (Debate feminista)، المكسيك، سبتمبر 1990.

للافتراضات التأويلية لأنها تحافظ على الامتياز الوجودي والدلالي للنص والاستبدادي للمؤلف (بصفته الأب الخالق والوصي –في آن معا– للمعنى الفريد والحقيقي للنص) وإضفاء الشرعية على البحث وضمان الأصل باعتباره المطلق النهائي. وهذا هو أساس العقل الأبوي.

س: لقد ذكرت دائمًا أن هناك وحدة أساسية بين مركزية اللوغوس ومركزية القضيب، ونتيجة لذلك، تستخدم مصطلح "مركزية القضيبعقلية". من هذه الوحدة، هل تعتقد أنه يمكن القول إن التفكيك ينطوي على وجهة نظر نسوية معينة، والعكس صحيح، أو أن النقد النسوي بوصفه نقدا ثقافيا (أي أدبيا وفلسفيا وسياسيا وفنيا، إلخ) سيكون تخريبيا حقًا، هل يجب التعبير عنه بالضرورة على أنه تفكيك؟

جاك دريدا: الوحدة بين مركزية اللوغوس ومركزية الفلسفة، إن وجدت، فهي ليست وحدة نظام فلسفي. من ناحية أخرى، هذه الوحدة ليست واضحة للعين المجردة: لفهم ما يجعل كل مركزية اللوغوسات، فمن الضروري فكّ عدد معين من العلامات، وفكّ الشفرة هنا ليس مجرد قراءة سيميائية: إنه يتضمن بروتوكولات واستراتيجية للتفكيك. نظرًا لأن التضامن بين مركزية اللوغوس ومركزية القضيب غير قابل للاختزال، لأنه ليس فلسفيا بشكل محض أو لا يتخذ شكل نظام فلسفي فحسب، فقد اعتقدت أنه من الضروري اقتراح كلمة واحدة: مركزية القضيبعقلية، للتأكيد بطريقة ما على عدم قابلية الفصل بين كلا المصطلحين.

ومع ذلك، لا أعرف ما إن كان التفكيك يعني وجهة نظر نسوية كما تقترحين. لأن تحفّظاتي، أولاً وقبل كل شيء، تكمن في أنه لا يوجد شيء اسمه التفكيك. هناك إجراءات تفكيك متنوعة وغير متجانسة اعتمادًا على الموقف أو السياق، وعلى أية حال، لا توجد وجهة نظر نسوية واحدة أيضًا. من ناحية

أخـرى، في حالـة وجـود شـيء يُنعـت بالنِّسـوية، فسـتكون هنـاك عديـد مـن الاحتمـالات أو عديد مـن المخاطر بـأن هذه النسـوية، على وجـه التحديـد بوصفها نظامـا يعكـس أو ينـوي قلـب التّسلسـل الهرمـي، سـتعيد إنتـاج سـمات معينـة مـن مركزية الفلسفة. لذلك لا أظنّ أن تفكيك المركزية القضيبية ينطـوي علـى وجهـة نظر نسوية، إن جاز لنا القول ببساطة.

بعد تقديم هذه التوضيحات، من الصّواب القول إن التفكيك يزعـزع بـلا شـك التسلسل الهرمي الذي يتم توجيه النقد النسوي ضده، وأعتقـد أنه لا يوجـد تفكيك لاحق لمركزية القضيبعقلية (phallogocentrism) لا يعني إعادة التفكيـر في التسلسـل الهرمـي المتمركـز قضيبيا، وبالتالي، بطريقة معينة، في اعتبار مـا يحدث ضمـن مـا يسـمّى النضال النسوي. أُفضّل توظيف التعبير غير الدقيق إلى حدّ ما: "مـا يحدث في ما يسمى النضال النسوي" بدلاً من الحديث عن النسوية لأنه، كمـا حاولـت بالفعل أن أعرض بشكل خاص جدًا في ذلك النص القصير عـن نيتشـه (مهاميز)، غالبًا مـا يحدث أن النسوية بدورها ليست أكثر مـن ترجمة مقلوبة لمركزية القضيب. نظرا لكل هذه الأسباب، أراهن بالأحرى علـى اسـتراتيجية مزدوجة. مـن ناحيـة، وباسـم التفكيـك الراديكـالي، ليـس مـن الضـروري تحييـد التسلسـلات الهرمـية والاعتقـاد بضرورة التخلي عن الاحتدام النسوي في شكله الكلاسيكي، ومن ناحية أخـرى، يجـب علـى المرء قبـول النِّسـوية بطريقـة مـا، وفي مواقـف معينـة، لقبـول النضالات السياسية والثقافية والاجتماعية للنسوية، كمـا تقولين، مع الأخـذ بعين الاعتبار أنها لا تزال قائمة على افتراضات التمركز القضيبعقلي في كثير من الأحيان، وبالتالي، وعبـر التفاتـة أخـرى، يجـب أن تسـتمر مسـاءلة هـذه الافتراضـات. ينتج عـن هذا موقف مزدوج يصعب على الرجال الحفاظ عليه، وعلى النساء كذلك بل أكثر على ما أظنّ، اللواتي ترغبن في المشاركة في احتدام نسويّ وعدم التخلي عـن راديكالية تفكيكية معينـة في الآن نفسـه. تفتـرض الوظيفـة المزدوجة، الوضـعية المزدوجـة، في بعـض الأحيان، التناقضات والتوترات، لكنني أظن أنه يجب افتراض هذه التناقضات. مـن

الضروري محاولة التأكيد على كلا المستويين في الخطاب من الناحية العملية، للتأكيد عليهما في الخطاب والأسلوب والإستراتيجية. ما أعبّر عنه بمصطلحات مجرّدة إلى حدّ ما يمكن أن يكون ملموسًا للغاية، وأرى أن عدة توترات التي تحدث داخل المجموعات النسوية تُوضَّح بشكل أو بآخر بشكل صريح، بصورة موضوعية أو بأخرى، من خلال وجود هذين المستويين، عبر هذين النطاقين. النقد: نقد نسوي كلاسيكي، معركة سياسية كلاسيكية من ناحية، ومن ناحية أخرى، مضايقة تفكيكية على مستوى آخر. إنّ القيم الخاصة بالثقافة والأدب والسياسة والفن مثلا، هي قيم محددة في حد ذاتها، على وجه التحديد في هذا الفضاء المتمركز قضيبعقليا. وهذا ما يجب أخذه بعين الاعتبار أيضًا والتأكيد عليه. يجب تحليل جميع النتائج الاستراتيجية الصَّعبة التي أشرت إليها للتو وفقًا للسياق، وفقًا للوضعيات، لدرجة تطوّر النضالات النسوية في هذا المجتمع أو ذاك، في هذا البلد أو غيره، في هذه اللحظة أو تلك. على سبيل المثال، لا يمكن أن تكون الاستراتيجية هي نفسها في ديمقراطية غربية داخل البلدان الصناعية وفي مجتمع آسيوي أو أفريقي يعاني في الوقت نفسه بنية سياسية مختلفة ونوعا متباينا من التنمية الصناعية. لذلك، في هذه الحالات، عليك أن تعرف كيف تتكيّف حتى داخل المجتمع نفسه؛ فالوضع في الجامعة، أو في المصنع، وما إلى ذلك، ليس هو نفسه. يوصي الوضوح بتعديل هذه المبادئ مع تلك المواقف، بدون تجريبية، وبدون نسبية.

س: هل تعتقد أن النقد الثقافي النسوي هو مهمة محصورة على النساء فقط، عليهن القيام بها؟ وإلا، فما هي حدود المهمة المذكورة التي يقوم بها الرجال -حسب رأيك-؟

جاك دريدا: هنا أيضًا، يجب تنفيذ عدد كبير من الفروق بحكمة كبيرة. لا أفهم لماذا يجب أن يقتصر ما تطلقين عليه نقدا نسويا ثقافيا على النساء فقط. لا أرى ما يمكن أن يبرّر مثل هذا الاستبعاد على الإطلاق. أنا أفهم ذلك. في مواقف

معينة، في بداية النضالات، وما إلى ذلك، قد يكون من الضروري عدم استبعاد الرجال من المشاركة في النقد الثقافي المذكور بقدر ما يكون من الضروري إعادة بناء بعض التضامن النسائي الذي يؤدي في النهاية إلى تهميش نشاط الرجال داخل هذه المجموعات. أرى أن هذه ضرورة لا يمكن فرضها إلا في حدود ما، ولكن لا ينبغي أن تصبح هي القاعدة. على عكس ذلك، يجب أن تكون القاعدة هي القطيعة مع مثل هذا الموقف.

سألتني عن حدود النقد الثقافي النسوي الذي يقوم به الرجال. هناك حاجة إلى تمييز ثانٍ. عندما تتحدّثين عن "الرجال" فإنك تشيرين، من ناحية، إلى موضوعية الحالة الزوجية، ومن ناحية أخرى، إلى ما يسمى التنظيم/ النظام التشريحي، أي إلى كلّ ما يجعلنا ندرك على الفور – أو نعتقد أننا ندرك على الفور – الفرق بين الرجل والمرأة ولكن، كما تعلمين، الأشياء، من وجهة نظر آليات التنظيم الخيالي واللّاوعي – لوضعها في كلمتين – أكثر تعقيدًا بكثير وقد يكون هناك أشخاص يُطلق عليهم "رجال" أكثر استعدادًا وتحفيزًا من بعض النساء لتنفيذ مثل هذا النقد الثقافي. لذلك، سيكون من الضروري معرفة من هو الرّجل، ومن هي المرأة وما هو الجزء الأنثوي والذكوري في كل فرد حتى نتمكن من تقييم هذه الحدود. بعد قولي هذا، من الواضح أنه إذا كنا نثق في هوية آمنة للرجل والمرأة، في اختلاف جنسي يمكن تحديده وغير إشكالي بطريقة ما، فأنا لا أعرف إلى أيّ مدى يمكن للمرء أن يتحدّث عن الحدود الأساسية في النقد الثقافي. كما رأينا للتو، لا يمكن للنقد الثقافي أن يكون جذريًا إلا إذا كان مثيرًا للتساؤل والقلق في الآن نفسه. كما تقولين، لتخريب كل ما يتعلّق بالتسلسلات الهرمية المتمركزة قضيبيا وعقليا. الآن، خلال هذا الصّدد، فإن الدافع الذي يدفع من يُطلق عليهم اسم "الرجال" للقيام بالتفكيك المذكور ليس بالضرورة أكثر محدودية من دافع النساء، لأنّ مركزية القضيب تحكم –بدون شك– جميع الرغبات بموجب قانونها، لكن قمعها يخضع على من يُسمّى "رجالاً" بقدر ما يحدث على ما تُسمى "نساءً".

بالنظر إلى تعلّق هذا النقد الثقافي ببعض الخطابات، رمزية، خيالية، إلخ، فكل الأشياء ليست بالضرورة مرتبطة أو غير مرتبطة مباشرة بهوية جنسية تتميز بالتشريح أو بموضوعية الحالة الزوجية، إلى حد أننا نتعامل مع الخطابات – بالمعنى الواسع – للرمزية والثقافة وما إلى ذلك. لا أفهم لماذا يجب أن يكون لأحد الجنسين سلطة محدودة في هذا الصدد أكثر من الجنس الآخر. يمكننا حتى التأكيد – وهذه واحدة من المفارقات التي يجب تسليط الضوء عليها بسبب سلطة التمركز القضيبيعقلي – أن الرجال استثمروا هذا التسلسل الهرمي في بعض المواقف، واكتسبوا في مواقف معينة ثقافة أكثر تقدمًا في الثقافة الفلسفية، حيث يوجد مزيد من الرجال، دعنا نقول، ممن يشاركون في شرعية الثقافة الفلسفية. قد يبدو الأمر، في الواقع (وهذا ليس حقًا على الإطلاق ولكنه حقيقة)، أن تفكيك مركزية القضيب، خلال مرحلة معينة، يتم تمثيله أو دعمه في كثير من الأحيان من قبل الرجال أكثر من النساء. لا يوجد سبب يدعو للفضيحة من قبلها. هذا هو تأثير مركزية القضيب"بالضبط"، أو حتى التناقضات التي يمكن أن تبنيها للرّوابط المزدوجة. غالبًا ما اقتَرَحَ الرجال بديهية التفكيك. وبطبيعة الحال، فإن هذا يخلق على الفور جميع أنواع التوترات في الحركات النسوية؛ حيث تعتقد بعض النساء أنه يتعين عليهن رفض مثل هذا الخطاب التفكيكي بحجة أنه مرتبط في كثير من الحالات بالرجال. من ناحية أخرى، تعتقد نساء أخريات أن الاستسلام لمثل هذا الرفض يمثل ضعفًا استراتيجيًا. كما تعلمين، أعني أشياء محددة للغاية. هذا يمكن أن يخلق مشاكل في الحركات النسوية. يمكن أن يؤدّي رفضُ كلّ خطاب مرتبط بالرجل إلى توتر وضعف في الإستراتيجية النسوية التي يجب أن نكون منتبهين لها. كما تعلمين جيدًا، إنها التفاتة تتكرّر كثيرًا وتتألف من قول: "لا! هذا خطاب رجل، مهما كان نسويًا، لا نريد خطاب الرجل"، وغالبًا ما يكون هذا مصحوبًا بتراجع. أتحدث بطريقة مجردة للغاية ولكنك تعلمين أنه يمكن العثور على أمثلة ملموسة للغاية.

س: هل تعتقد أن المؤنث بالمعنى القوي للمصطلح، أي كوضع عام، موجود، أم؟ لا؟ وبهذا المعنى، هل تعتقد أنه من الممكن الاختيار بين الشكلين الأساسيين للنظرية النسوية، أي بين نسوية المساواة – التي قد يتم تقديمها، ربما، بوصفها نوعا من التطرف لفكرة المساواة والتنوير – ونسوية الاختلاف – التي تؤكد على الإمكانات اللانهائية لـ "المؤنث" من أجل دعم بدائل للفعل في مجالات معينة (ثقافية إلخ) –؟ بين هاتين النسويتين، أيهما ستحظى بقوّة التخريب الأعظم، حسب رأيك؟

جاك دريدا: هذا سؤال أساسيّ وصعب للغاية. لتقديم إجابة عنه، أولى وسريعة، أود القول إن اختيار إحدى هاتين النسويتين يؤدي إلى الفشل. إذا اخترنا **المساواة** بين الجنسين والتنوير، وفقًا للسياسة الديمقراطية الكلاسيكية، وإذا التزمنا بها، فسنعيد إنتاج ثقافة تميل إلى محو الاختلافات، وذلك ببساطة لتنظيم تقدُّم حالة المرأة كي لا تصبح ملكا للرجال. وهكذا، سنبقى على سطوح الظروف المهنية والاجتماعية والسياسية، مما يؤدي إلى نوع من استيعاب النموذج الذكوري. لكن إذا اقتصرنا على نسوية **الاختلاف**، فإننا نخاطر أيضًا بإعادة إنتاج التسلسل الهرمي، وتجاهل أشكال النضال السياسي والنقابي والمهني، بحجة تأكيد النساء على اختلافهن الجنسي، أي إلى الحد الذي يختلفن فيه. ليس من الضروري التنافس مع الرجال على فرض أحقية هذا الاختلاف. هنا أيضًا، نجازف بإعادة إنتاج تسلسل هرمي معين. في هذا الأمر أظن أننا لا نملك اختيارا.

للرجوع إلى الجزء الأول من سؤالك، لا أظن أنه يتعين عليك قول "نعم ولا" بحرية. إنها ليست مسألة اختيار. إن مطالب الموقف والنضالات النسوية ليست صراعات منتقاة بحرية. إنها صراعات – عندما تكون صراعات حقًا – لا مفرّ منها، وبالتالي، لديها دوافع قوية، وعليه فإن الاختيار في غير محلّه. في الوقت نفسه، أي الاعتراك سياسيًا وفقًا لمخطّطات المطالب الكلاسيكية لصالح تكافؤ الفرص على سبيل المثال. كان هذا هو كفاح المناضلين لنيل حق المرأة في الاقتراع: الحق في التصويت، والأجر المتساوي للعمل المتساوي، ومشاركة

المرأة في الحياة العامة، والوصول إلى حقوق المرأة، ومناصب المسؤولية في جميع المهن، أي الشكل الكلاسيكي للنقابات النسوية، إن صحَّ التعبير. وأظنّ أنه من الضروري الدفع بهذا الأمر إلى أقصى حدّ ممكن. لقد تم إحراز بعض التقدم، على الأقل في الديمقراطيات الصناعية في الغرب، ولكن كما هو معروف جيدًا، لا بد من إحراز تقدم هائل في مجتمعات أخرى وفي مجتمعاتنا أيضًا.

ولكن إذا انتهى الأمر بهذه المساواة إلى تحييد الاختلاف الجنسي، إذا انتهى بها الأمر إلى محو الأنثوي على هذا الشكل، فإن هذا التقدم سيؤكد كلا من التسلسل الهرمي وتحييد التمركز القضيبي. هو تسلسل هرمي يقدم نفسه في شكل حيادية. هناك حديث عن "الإنسان بشكل عام" وخلف غطاء الإنسان بشكل عام، الإنسان – الرجل هو من يستولي على الوضع. إذا تمسّكنا بأسلوب التنوير والمساواة، فإننا سنخاطر بإعادة إنتاج هذا الوضع. اليوم، من الضروري تجديد الحركة النقدية للتنوير. ومع ذلك، سيكون من السهل جدًا تحليلها بوصفها حركة مركزية ملحوظة للغاية. حسب رأيي، فإن تحليل خطاب التنوير سيؤكد ذلك. وعليه، لا يمكن أن أتبنّى موقفا بسيطا هنا أيضًا. لا يمكن الإجابة عن هذه الأسئلة بنعم أو لا. فيما يتعلق بهذه الأسئلة، أظنّ أنه ليس لدينا طريقة ثنائية لاتخاذ القرار بالإجابة بنعم أو لا، كما يحدث في التصويت. الثنائية بوصفها معارضة بين نعم ولا، هي ما يجب تفكيكه في هذه الحالة بالضبط.

س: حسب رأيك، ما هي علاقة النقد الثقافي النسوي -باعتباره تفكيكًا- مع الخيارات الأخرى لوجهات النظر النقدية عند بعض الفئات الاجتماعية المهمّشة (المثليون والأقليات العرقية، إلخ)؟ هل تعتقد أن النقد النسوي يمكن أن يشكّل، نسبيًا، نضالًا أكثر تخريبية وعالمية؟

جاك دريدا: من الواضح، في كثير من الأحيان، أن ما يُسمّى النقد النسوي يحارب بعض عمليات التهميش والشرعية، وبما أنه الآلة الاجتماعية أو

الاجتماعيـة السياسـية نفسـها التي تشغـل هـذا التهمـيش أو هـذا القمـع، تصبح النسوية منذ البداية تضامنًا مع نضالات المثليين جنسيًا أو الأقليات العرقية. كل المناضلين حساسون تجاه تضامن الأقليات والمضطهدين والمهمّشين. لكن بحجة أن هذه الصراعات غالبًا ما يكون لها خصم مشترك، ولها سبب مشترك إلى حدّ مـا، فـلا يوجـد سبب لمحـو الفـروق بيـن هـذه المجموعـات وتلك الصِّراعات. أحيانًا، مـن وجهـة نظر متوهمـة، يمكـن أن تكـون المثليـة الجنسية معادية للنسوية. قد يكـون هنـاك شـذوذ جنسي، مثليـة جنسية نسوية تعيد إنتاج سمات للتمركز القضيبي، وكل هذا معقد للغاية.

يمكن أن تعني كلمة "العالمية" التي تقترحينها – أنا على استعداد لقبولها بهذا المعنى – أن النقد النسوي، إذا أراد أن يكون راديكاليًا، يجب أن يوجَّه ضد تلك الآلة القوية التي أسميها مركزية قضيبية وهذا هو شرط الجميع، ذلك الظلم المسلّط على الفصائل التي يسيطر عليها المجتمع وضد المثلية الجنسية، إلخ. من هنا، يمكن أن تمتلك النسوية قوة تخريبية أكثر جذرية، ومع ذلك، هنـاك كثير من الثنيات التي يجب الانتباه إليها. يمكن أن تكون المركزية القضيبعقلية في آن واحد، على مستوى معين، الرجولـة أو الذكورة التي تُخضع النسـاء مـن خـلال علاقة هرمية بين الجنسين. ولكن هناك أيضًا مكونًا مثليًا جنسيًا لمركزية القضيب على مستوى آخر يجب أن يكون أيضًا منتبهًا جدًا. نجد أنفسنا في صميم سلسلة كاملة من الدوافع، المواقف الجنسية، وما يتعين علينا القيام به هو إيلاء اهتمام وثيق بها. لا يمكن للمرء أن يرسم بسرعة كبيرة حدود ما يسمى بالجنس الآخر، الذكر والأنثى، إلخ. يعلّمنا التفكيك – إن وجد مثل هذا الشيء – حيلَ كـل هـذه الفئات ومكرها. على سبيل المثال، يجب أن نناضل من أجل التحـرّر، من أجل إزالة التهميش، من أجل قمع رهاب المثلية الجنسية في المجتمـع دون أن ننسى أن المثلية الجنسية يتم قمعها باسم شبح مثلي الجنس يمثل عنصرًا مثليًا جنسيًا على مستوى آخر.

س: ما هي العواقب السياسية التي يمكن استخلاصها من النقد النسوي للثقافة؟ كيف يمكن للشعارات أن توضح الخطوط الإرشادية للعمل السياسي؟

جاك دريدا: لا أعرف كيف أفكّر بخصوص الشعارات. أعتقد أن الشعارات مفيدة للغاية، ولكن، على وجه التحديد، يتم تحديد الشعار دائمًا في وضع ملموس ودقيق ولا توجد شعارات عامة. وبالتالي، فإن الشعار النسوي للمرأة الإيرانية لا يمكن أن يكون شعارًا نسويًا لطالبة كاثوليكية إسبانية أو أمريكية، إلخ. في بعض الأحيان يمكن أن تكون متناقضة وغير متوافقة مع بعضها البعض. من ناحية أخرى، فإن مصطلح "الثقافة" يزعجني قليلاً لأن التفكيك الطموح، على وجه التحديد، يتجاوز الثقافة. من الضروري استجواب الحالة الثقافية ذاتها.

كما تعلمين جيدًا، ما يثير اهتمامي قبل أي شيء هو حاجة في الفكر لا تعترف بالثقافة كمثال نهائي. بطريقة ما، كل ثقافة متمركزة قضيبيا، وربما ما يبدو لي أساسيًا هو حركة تتجاوز القيمة المذكورة للثقافة. أنا لا أقول ذلك، عليك أن تتجاوز الثقافة إلى الأبد، ولكن عليك أن تراقب باستمرار ما لا يقتصر على مجال الثقافة، حتى بالمعنى الواسع جدًا. ما يثير اهتمامي في الفكر ليس ثقافيًا ولا علميًا. لهذا السبب فإن النضال النسوي لا يهمني إلا جزئيًا –في أعماق ما قد لا يزال ثقافيًا–. سيأتي حين من الزمن ليبدو لي غير كافٍ، بعد أن اعتبرته في غاية الأهمية، لأنه يشير إلى عرض هائل لثقافتنا على وجه التحديد. يأتي زمن لن أقول فيه إن الأسئلة الفكرية التي تهمّني منزوعة الجنس أو أنها تحيد الاختلاف الجنسي، لكنها تحافظ على علاقة مع الاختلاف الجنسي، التي لم تعد تنتمي إلى المشكلة المذكورة، إلى تلك المواقف التي تطوّرت فيها الحركة النسائية.

اليوم، كما هو معروف جيدًا، أصبحت الثقافة العنصر الذي يغرق كلّ شيء في الخطابات العامة لثقافتنا الغربية على وجه التحديد. عند الحديث عن الثقافة، يتم تعيين نوع من العنصر المحيطي الذي يغرق كل شيء: العلم والفلسفة

والفنون والعادات، إلخ. وبالتحديد، دون التشكيك في الطريقة التي فُرضت بها هذه القيمة الثقافية بكل تاريخها. إذًا ما هي الثقافة؟ هل هي بيلدونغ، هل هي بيـديا، غـزو؟ هـل تنتمـي إلـى معارضـة الطبيعـة/ الثقافة؟ هـذه القيمـة الثقافيـة تزعجني. الآن هناك وزارات للثقافة. غالبًا ما يتم تحديد الثقافة بوصفها لغة اتصال، لغة إعلامية، ويبدو لي أن تفكيك مفهوم الثقافة مهمة جادة، حتى من وجهة نظر النضالات النسوية. لذلك لن أستخدم كلمة "ثقافة" بدون علامات تنصيص، بدون علامات اقتباس كثيرة.

س: هناك عديد من النساء، خاصة في فرنسا والولايات المتحـدة، اللـواتي اخترن الإستراتيجية العامة للتفكيك لإجراء أبحاثهن الفلسفية أو الأدبية، إلخ. ما رأيك في عملهن بشكل عام؟

جاك دريدا: لا أعرف بالضبط ما تشيرين إليه، لكني لا أرغب هنا في إغراق التفردات أو الأفراد بشكل عام على "النساء في فرنسا."

س: أعني في فرنسا، على سبيل المثال، سارة كوفمان (Sarah Kofman)، ولوسـات فيناس (Lucette Finas) وسيلفيان أجاسينسكي (Sylviane Agacinski)...

جاك دريدا: على كل حال ما أُنجِز مختلف جدا. أنجزن عملا اصطلاحيا للغاية، وفي أعماقي، على الـرغم مـن أنه يخـدم قضيـة نسوية عامة، إلا أنه ليس صراعًا منظمًا ومتجانسًا، وهذا في حد ذاته يبدو لـي شيئًا إيجابيًا. بعضهن فعلـن ذلك، مثل سارة كوفمان من وجهة نظر الفلسفة والتحليل النفسي في الآن نفسه. سيلفيان أجاسينسكي قرأت كيركيجارد؛ وأخريـات ابتكـرن لغـة شـعرية أو لغات خيالية مثل هيلين سيكسو؛ لوسات فيناس التي قرأت نصوصًا من التقليد الأدبي أو الحداثة. إذا كان لدينا مزيد من الوقت، فسأصرّ قبل كـل شـيء علـى تفرّد كـلّ من هذه الأعمال.

يصبح الخطاب أكثر تفكّكًا بقدر ما يشير إلى التفكيك بوصفه طريقة عامة. التفكيك ليس طريقة، إنه ليس نظام قواعد أو إجراءات. هناك قواعد محدودة، تكرارات إن شئت، لكن لا توجد منهجية عامّة للتفكيك. يجب أن تكون اللّعبة التفكيكية اصطلاحية ومفردة، إلى أقصى حد ممكن، يجب أن يتم تعديلها طبقا لموقف ما، مع نصّ، إلى مجموعة، وما إلى ذلك، وفيما يتعلق بالنصوص "النسوية" (في الاقتباسات)، فإن الأمر نفسه صحيح. العلاقة بين هذه النصوص والتفكيك من هذا النوع. لا يتعلق الأمر بتطبيق التفكيك على النسوية، فما قلناه منذ لحظة، في البداية، حول تفكيك مركزية القضيبيعقلية يظهر أن هذه ليست حالة معينة يجب تطبيق التفكيك عليها. بطريقة ما، كل نقد لمركزية القضيب هو تفكيكي ونسوي، وكل تفكيك يحتوي على عنصر نسوي.

س: ختاما، هذا سؤال لا علاقة له بالنسوية. هل تعتقد أن الإخلاص، وفقًا لفكر دريدا، يتمثل في اتباع الإستراتيجية العامة للتفكيك بأمانة أو، على عكس ذلك، هل تعتقد أنه من أجل أن نكون مخلصين حقًا لدريدا، يجب على المرء أن يحاول تفكيك دريدا؟

جاك دريدا: إنه سؤال صعب لأنه حين تنطقين اسمي، يبدو أنّك تفترضين أن هناك نظامًا أو مجموعة أو هوية تحاولين تفكيكها أم لا. تحت هذا الاسم، هناك عدد معين من النصوص التي تبدو بدورها غير متجانسة ومتعدّدة ومطوية على نفسها... نصوص في وسائل الإعلام أناقشها بنفسي، وأحاول تفكيكها بطريقة معينة. إن صح التعبير، لا ينطبق التفكيك على نقطة مركزية. قد تكون هناك إشارات تفكيكية داخل النص تدّعي إستراتيجية عامة للتفكيك. لكنني عندما أكتب، فإن إحدى الجمل تفكّك الأخرى بطريقة ما. لذلك، فإن التفكيك الذاتي، حتى لو لم يكن شفّافًا وعاكسًا على الإطلاق، هو عملية التفكيك نفسها. لا يمكن تفكيك دريدا فحسب، بل يجب تفكيكه، وإلى حدّ ما، أحاول القيام بذلك بنفسي.

ولكن إذا ظنّ المرء أن هذا يُخلق من مباغتة نظام وإيجاد النقطة المركزية فيه، التي يمكن أن يترنَّح كل شيء فيها، فهذا يعني أنها لا تُقرأ وهذه النقطة غير موجودة. مكمَن ضعف النصوص التفكيكية وقوتها على وجه التحديد في حقيقة أنها لا تتجمّع حول نقطة يمكن أن تكون بمثابة دعامة نهائية لاستراتيجية التفكيك حين التفكيك...

"تصميم الرّقصات"

لِقاء مع جاك دريدا

تدور المحادثة بين النسوية كريستي ف. ماكدونالد والفيلسوف جاك دريدا، مثيرة عناصر أساسية للنقاش المعاصر حول النوع الاجتماعي. وبينما تسعى لاستخراج موقف من لدن مفكّر التفكيك فيما يتعلق بالمزاعم السياسية النسوية، فإنه يشدّد -بدوره- على الأسئلة عند طرحها. تبلغ نتيجة النقاش ذروتها في الإجابة الأخيرة، عندما اقترح دريدا بعد ذلك التأمل الفكري في "حلم عدد لا يحصى من الجنسين". يأخذ من نقطة انطلاقه قوةً للوجود، كما يعتقد هايدجر، لنتساءل لماذا يجب أن يظل الاختلاف الجنسي ثنائيًا ومتعارضًا، مرتبطًا بصورتي الرجل/ المرأة. عندما تم نشرها، في أوائل الثمانينيات، كانت "تصميم الرقصات" أكثر اهتمامًا بالنقاش حول إمكانية توظيف التفكير التفكيكي ضمن منظور نسوي لنقد المركزية القضيبيعقلية. اليوم، يمكن صياغة هذه المقابلة بعدد لا يحصى من الأسئلة الأخرى التي تم فتحها منذ ذلك الحين والتي ما تفتأ تدفعنا للحلم بـ "عدد لا يحصى من الجنسين".

كريستي ماكدونالد: إيما جولدمان، ناشطة نسوية منشقّة في أواخر القرن التاسع عشر، قالت ذات مرة عن الحركة النسوية، "إذا لم أستطع الرقص، فأنا لا أريد أن أكون جزءًا من ثورتك." جاك دريدا، لقد كتبت عن سؤال المرأة وما يشكل "الأنثى" في **مهاميز** وهو نصّ مخصّص لنيتشه حول الأسلوب والمرأة، كتبت فيه

أن "ما لا يمكن قهره في الحقيقة هو – الأنثوي" (ص 37)، وتحذّر القارئ من أن هذا "لا يستعجل ترجمة (هذه الكلمة) بالأنوثة، وأنوثة المرأة، والجنس الأنثوي، وغيرها من الأوثان الجوهرية التي هي على وجه التحديد ما يعتقد المرء أنه يجب التغلب عليه عندما يظل تحت كنف غباء الفيلسوف الدوغمائيّ، أو الفنان العاجز أو المغوي عديم الخبرة"، دريدا، 2013، ص 37.

ما يبدو أنه على المحكّ عندما تستجوب قراءة هايدجر لنيتشه هو السؤال عما إذا كان الاختلاف الجنسي، نعم أم لا، هو "سؤال إقليمي يخضع لأنطولوجيا عامّة، ثم إلى علم الوجود الأساسيّ، وأخيرًا إلى سؤال حقيقةٍ تسري"، دريدا، 2013، ص 79). مع هذا، يمكنك مساءلة حالة الحجّة وفي الآن ذاته السؤال نفسه. في هذه الحالة، إذا لم تكن قضيّة الاختلاف الجنسي قضيّة إقليمية (بمعنى ثانوي)، إذا لم تكن في الواقع، "ربما ليست مشكلة" كما تقترح، فكيف تصف "مكان المرأة"؟ ("وضع المرأة")؟

جاك دريدا: هل سأتمكن من الكتابة من خلال الارتجال في إجاباتي؟ سيكون أفضل، أليس كذلك؟ لن تكون المقابلة مع سبق الإصرار ذات فائدة هنا، لا أرى هدفا من وراء ذلك، فهي تمضي إلى ما لا نهاية، أو بالأحرى، في مثل هذه الأسئلة الصّعبة، حتى أنها لن تجرؤ على البدء. هناك نصوص وحالات أخرى مع سبق الإصرار المحسوب للغاية. هيّا بنا نلعب، إذن، بمفاجأة، سيكون هذا تقديرنا للرقص: يجب أن يحدث مرّة واحدة فقط، دون أن يصبح ثقيلًا أو يتعمّق أو يغوص، قبل كل شيء دون التباطؤ فيما يتعلّق بزمنه. لن نمنح أنفسنا كثيرا من الوقت للتراجع، ولا حتى النظر عن كثب لإلقاء نظرة خاطفة فقط.

لقد كانت فكرة جيدة أن تبدأ المقابلة باقتباس، ولنسوية من أواخر القرن التاسع عشر. التحدث بحكمة وانشقاق بما يكفي لطرح أسئلتها وشروطها على الحركة النسوية. هناك بالفعل علامة على الحياة، علامة على الرّقص.

يمكننا أن نتساءل عن التكرار. في نهاية القرن الماضي، هـل كـان "مطراس" الحركة النسوية القادمة معدًّا بالفعل؟ لا شك أنك تبتسمين، وأنا كـذلك عندما أواجه كلمة "مطراس". لكن لماذا لا تحتفظين بها؟ هذا يخلق طيّة إضافية. دعونا نوظّف هـذا الشكل مـن التشريح أو الانطباع لنسأل أنفسنا ما إذا كان برنامج ومساحة للجندرة قد وجدت مكانها بالفعل في القرن التاسع عشر، وبالتالي فتح جميع التشكيلات التي ارتكبت فيها النضالات النسوية أو تطوّرت في النصف الثاني من القرن العشرين. وهذا على جميع الجبهات، سواء تعلق الأمر بادعاءات اجتماعيـة سياسـية، أو بمسـألة تحالفـات مـع قـوى أخـرى، أو تنـاوب الالتزام والراديكالية، أو استراتيجية الخطاب والكتابات، أو النظرية أو الأدب، إلخ. إننا نميل عمومًا إلى التفكير في هذا البرنامج، والاستنتاج بإحصائيات توافقية بسيطة، مع كل ما يؤهله ليكون شاملاً وغير محدود. نعم، مرهقة لأنها تلجأ دائمًا إلى صندوق الاحتمالات نفسه، وبالتالي فهي مملة للغاية بسبب التكرار التالي.

هذه مجرد مفارقة واحدة من المفارقات. إن تطوّر النضالات الحالية غير عـادي في امتـدادها الكمّـي، مـن أجـل تقـدّمها، للجمـاهير التـي تثيرهـا ببطء في أوروبا، ولكنها خارج أوروبا أيضًا ظاهرة لها أهمية أكبر، على ما أظنّ. ويؤدّي هذا التقدّم إلى أنواع جديدة من التحقيقـات التاريخية، إلى أشكال أخـرى من القِراءة، إلى اكتشاف مجموعة جديدة تمّ تجاهلها بعنف حتى الآن.

غير مقلّد أو مهمّش، غالبًا ما كـان ماضي "النسويات"، بالطبع، "ماضيًا صامتًا". ومع ذلك، ها هي المفارقة: السماح لكشف هذا "الماضي المسكوت عنه"، وإعادة تخصيص التاريخ المكبوت، ربما يتعين على الحركات النسوية التخلي عن السهولة "التقدمية" في تقييم هذا التاريخ. غالبًا ما تكون هذه السهولة بديهيـة جـدًا، والافـتـراض المسـبق الحتمـي، الـذي لا غنى عنـه حتـى ("في النضالات"، كمـا يقولـون) لمـا يمكن أن نطلـق عليـه الإجمـاع الأيـديولوجي للنسويات، وربما أيضًا دوغمائيتها، الخمول الذي شكّكت فيه النسوية المنشقة.

إنها صورة "التحرير" المتسارع باستمرار، والمنتشر على مراحل محدّدة، بأمر من غاية يمكن التفكير فيها أخيرًا، من خلال حقيقة الاختلاف الجنسي والأنوثة، إلخ. إنَّ مسرح "التقدم" هذا موجود بلا شك، وهو مسرح لسلسلة قصيرة نسبيًا وحديثة جدًا من تاريخ الغرب البعيد. مما لا شك فيه أنه ليس من المناسب سياسيا، ولا بأي حال من الأحوال، تجاهلها أو نبذها. لكن إذا أعطينا مصداقية لهذا التمثيل وإذا وثقنا في كل شيء، سنستسلم للغموض الشرير: كل شيء سوف يستنزف، فارغًا، ويغرق في هذا النهر نفسه (المتجانس والمعقم) من التاريخ البشري بحلمه القديم لإعادة التملك و"التحرير" والاستقلالية والإتقان. باختصار، موكب الميتافيزيقيا والتقنية. تتزايد علامات هذا التكرار أكثر فأكثر. الانعكاس المرآوي لـ "الذاتية" الذكورية، الأكثر توترا في ذاتها وموضوعاتها، حتى لو كانت تمثل مرحلة ضرورية بلا شك. لكن في الوقت الحالي، فإنه يترك المشهد كما هو، ما ناقشناه للتو. صحيح أن هذا ينطبق على ثقافتنا في مجملها، تحت سيطرة البرنامج في مدرستنا – والملل في كل مكان، في كل مكان تقريبًا.

لم أبدأ بعد في الإجابة عن سؤالك، لكنني سأحاول الوصول إلى هناك ببطء، أستسمحك. كان من الضروري أن نتذكر ما يمكن لـ "الماضي المسكوت عنه" أن يحفظ لنا المفاجآت، مثل رقصة النسوية المنشقة. ما كانت حقا؟ بدون السياق، أحاول أن أتخيل ما أرادت أن تظهره.

ماكدونالد: نعم، بهذا المعنى، يشير الاعتراف بالمفارقة إلى أنه إذا كانت النسويات في القرنين التاسع عشر وأواخر القرن العشرين متشابهة، فليس ذلك بسبب مصفوفتها التاريخية، ولكن بسبب السمات المميزة التي تحدّدها. بالطبع، وجد البرنامج مكانه بالفعل. إحياء المواقف الأناركية في الولايات المتحدة خلال السبعينيات، لا سيما داخل الحركة النسوية، هو دليل على ذلك. لكن

جولـدمان لـم تكـن سـابقة لعصـرها ولا متـأخرة. كانـت معجبـة بنيتشـه، وهـي "المتمردة والمبتكرة"، وقد أعلنت أن "الثورة ليست أكثر من التفكير في العمـل". كانت ناشطة غير قادرة على دعم أشكال النسوية المنظمـة، التـي اقتصـر شـعارها الوحيـد على الطعن في مَأْسَسة عدم المساواة المفروضة على النساء. كان موقفها أكثـر راديكاليـة: فقـد دعـت إلـى إعـادة هيكلـة المجتمـع ككـل. إذا رفضـت، علـى سبيل المثـال، الـذهاب إلـى صناديـق الاقتـراع، فذلك لأنـه اعتُبر وراء الأشـكال النموذجية للنشاط السياسي، كان هناك إكراه. بصفتها أناركيـة-نسـوية، لـم تكـن تريد أي علاقة بالسياسة التي تفسح المجال للجمود فقط.

دريدا: ربما ليس للمرأة تاريخ، ليس بسبب "الأنوثة الأبدية"، ولكـن لأن المرأة يمكنها المقاومة لوحدها مفصّلة (الرقص على وجه التحديد) تاريخا معيّنا تُـدرج فيه الثورة عمومًا، أو على الأقل "مفهـوم" التاريخ باعتباره تقدمًا مستمرًا، على الرغم مـن الانقسـام الثوري، يتجه التاريخ هنا من قبل الحركـة النسائية نحو استعادة جوهرها واختلافها، نحو "حقيقتها". قالت النسوية المنشقة عنها إنها مستعدة للخروج، في المقام الأول من الملل وتذوّق الرقص، مع إجماع الأغلبيـة المصرح بهـا، مـع الإجمـاع الأكثـر دوغمائيـة، الـذي ينـوي - وهذا هـو أخطر جوانبها - التحدث باسم الثورة والتاريخ. ربما كانـت تفكـر أيضًا في قصـة مختلفـة تمامًا، مـع قوانين متناقضـة وانقطاعـات غيـر قابلـة للجـدل، وجُـزر غير متجانسة تمامًا، وتفرّدات غير قابلة للاختزال، واختلافات جنسية غير معروفة لا تُحصى، نساء ذهبن "أبعد" منـذ قرون، على الهامش للرقص في خطوة واحدة، وأخريات تبتكرن اليوم تعابير جنسية على هـامش المنتدى النسوي الكبير، مع احتياطي لا يمنعهنّ بالضرورة من التسجيل هناك في مناسبات معينة.

لكني أتكهّن، قد أعود إلى سؤالك لاحقا، بعد ترك بعض المنعطفات أو المراحل خلفك، كنت تتساءلين كيف يمكنني وصف ما يسمى "مكان المرأة"، وهـو تعبير يلمـح عمومًا، إذا لـم أكـن مخطئًا، إلـى "في المنـزل"، أو حتـى "في

المطبخ"، بصراحة لا أعرف. لا أعتقد أنني سأصف هذا المكان، سأتجنب القيام بذلك، على وجه التحديد.

أنتِ. ألا تخشين أنه بمجرد الالتزام بمسار هذه التضاريس، سنجد أنفسنا بالقوة "في المنزل أو في المطبخ" (المنزل أو في المطبخ) أو حتى العودة إلى الإقامة الجبرية، كما يقولون بالفرنسية، في سجن اللغة، وهل هي عودة -في الأخير- إلى الشيء نفسه؟ لماذا يجب أن يكون هناك مكان للنساء؟ ولماذا واحد، واحد فقط؟

سؤال يمكنك ترجمته بسخرية بالقول إنه لا مكان في عيني للمرأة. هذا، في الواقع، ما تم الإعلان عنه بوضوح عام 1972 في ندوة سوريزي (Cerisy) عن نيتشه، في المؤتمر الذي أشرت إليه، مما لا شك فيه أنه من الخطورة القول إنه لا يوجد مكان واحد للنساء، ولكن إذا لم يكن هذا الفكر مناهضًا للنسوية، بعيدًا عن ذلك، فمن الصّحيح أنه ليس نسويًا أيضًا. لكن يبدو لي وفيًا، بطريقته الخاصة، لتأكيد معين للمرأة، لما هو أكثر تأكيدًا وأكثر "رقصًا"، كما تقول النسوية المنشقة، في إزاحة النساء. ألا نستطيع القول بلغة نيتشه إن هناك نسوية "تفاعلية"، وإن هناك ضرورة تاريخية معينة تدفعها إلى السلطة في صراعات منظّمة اليوم؟ هذا ما يسخر منه نيتشه، ليس على المرأة أو من المرأة. ربما يكون من الضروري عدم محاربة هذه القوة التفاعلية وجها لوجه – لأن هذا من شأنه أن يصبّ في مصلحة أخرى – ولكن من الضروري تجنّب السماح لها بغزو كل التضاريس. في الواقع، لماذا نندفع للإجابة عن سؤال طوبولوجي (ما هو مكان المرأة؟) أو سؤال اقتصادي (لأن كل شيء يعود إلى الأويكوس (oikos)، المنزل، الأسرة، قانون المكان المناسب، إلخ)، متى نهتم بمكان للمرأة؟ لماذا نخضع لإلحاح هذا الاهتمام الاقتصادي العلوي (صحيح أنه ضروري وفلسفي بشكل لا ينفصم). "فكر" جديد أو خطوة امرأة جديدة أو لا امرأة (pas de femme)؟ والمكان (كل تاريخ الغرب وتاريخه الميتافيزيقي) والرقص بطريقة مختلفة. إنه نادر جدًا، إن لم يكن

مستحيلًا، ولا يظهر إلا في شكل الأحداث غير المتوقعة والأكثر براءة. أكثر الرقصات براءة من شأنها أن تحل محل الإقامة الجبرية، كما يقولون في المساكن المحروسة بالفرنسية، هذه الرقصة تغير الأماكن، وتغير الأماكن قبل كل شيء. بعد مرورها، لم يعد المكان معروفًا. إن الاضطراب المبهج الذي أحدثته مثل هذه الحركات النسائية، وكذلك بعض النساء الفريدات اللواتي جلبتهن إلى مساحتنا الأوروبية الصغيرة (لا أتحدث عن رعشة عن أوسع وعن عملية العولمة)، أليست فرصة لبعض الاضطرابات العشوائية في تحديد الأماكن؟ إذًا، هل سنعود لبناء هذه الخرائط الجغرافية والطوبوغرافية وما إلى ذلك؟ هل سنقوم بتوزيع خرائط الهوية الجنسية مرة أخرى؟

أخطر جزء من تلك الصّعوبة هو الحاجة إلى ضبط الرقص، وزمن الرقص مع الثورة. هذه الفرصة لجنون الرقص، يمكن أن تعرض الفرص السياسية للخطر وتكون بمثابة ذريعة للنضالات "النسوية" المنظمة والصبورة والمرهقة، في اتصال مع كل مقاومة لا تستطيع حركة الرقص أن تثيرها، حتى تلك الرقصة ليست مرادفًا للعجز الجنسي أو الهشاشة. لن أصر على ذلك، لكن يمكنك بالفعل أن ترى ما هي الاتفاقية المستحيلة والضرورية التي ألمح إليها؛ وهي مفاوضات يومية متواصلة، فردية أم لا، مجهرية أحيانًا، تثير فضيحة "بطاقات البوكر" دائمًا بدون ضمانات سواء في الحياة الخاصة أو في المؤسّسات. كل رجل وامرأة يمارسان تفرّدهما هناك، لا يمكن ترجمة حياتهما وموتهما.

يضع نيتشه مشهدًا للمرأة وللنسوية ككلّ، ومشهدًا مفرط التحديد ومنقسما ومتناقضًا على ما يبدو. لقد جذبت اهتمامي على وجه التحديد لهذا السبب، من بين جميع النماذج التي تعرضها وتتكاثر عنها، وإلى الحد الذي غالبًا ما تناقشه وأحيانًا ترقص وتخاطر دائمًا في فضاء تاريخي لم تتغير سماته "الرحمية" الأساسية، ربما، منذ ذلك الحين في أوروبا (أعني في أوروبا، وربما يكون هذا هو المكان الذي يكمن فيه كلّ الاختلاف، على الرغم من أننا لا نستطيع فصل

الحركة النسائية العالمية عن أوروبا أساسية معينة للثقافة العالمية – وهي مشكلة كبرى أتركها الآن جانبًا). في مهاميز حاولت إضفاء الطابع الرسمي على الحركات واللحظات النموذجية لهذا المشهد، التي أنشأها نيتشه – من خلال مجموعة متنوعة وواسعة جدًا. لقد فعلت ذلك إلى حد معين، وما أشرت إليه أيضًا، حيث فشل قرار إضفاء الطابع الرسمي لأسباب بنيوية تمامًا. نظرًا لأن هذه السمات النموذجية غير مستقرة، يجب أن تكون متناقضة أحيانًا، وغير قابلة للتقرير في النهاية، أي توقّف مؤقت في القراءة سيثبت نفسه في نزق، بمعنى أنه يتحول تلقائيًا إلى نزق. يمكن أن يكون هذا النزق أكثر أو أقل من السذاجة أو الرضا عن النفس. يمكننا الاستشهاد بعديد من الأمثلة. في الحالات الأكثر اختصارًا، يتحوّل التبسيط إلى عزل تصريحات نيتشه العنيفة المناهضة للنسوية (الموجّهة أولاً ضد النسوية التفاعلية كصورة معكوسة للفيلسوف الدوغمائي ولعلاقة معينة بين الإنسان والحقيقة)، في إخراجها من كل حركة ونظام أقوم به (ربما نسبتها إليّ، لكن لا يهم!). أحاول إعادة تشكيلها. كان ردّ فعل البعض، بشكل أكثر إيجازًا، في بعض الأحيان دون رؤية ما وراء رأس الأشكال القضيبية التي تبرز من النص، بدءًا من تلك الخاصة بالأسلوب أو الحافز أو المظلة، دون مراعاة ما يقال عن الفرق بين الأسلوب والكتابة أو عن مضاعفات المخثين لهذه الأشكال وغيرها. بشكل عام، أودّ القول إن الاحتفاظ بالنص في موضع أو أطروحة أو معنى أو حقيقة، ليس قراءة، بل ويمكنني أن أقول إنه لا يقرأ إما بناء الجملة أو علامات الترقيم لهذه الجملة أو تلك. هذا الازدراء التأويلي، هذا الازدراء من التأويل، هو ما كان من المفترض أن تنهار فيه الرسالة الأخيرة لـ "لقد نسيت مظلتي". لكن دعنا نترك الأمر عند هذا الحد. إن قيمة الحقيقة – أي المرأة، أعظم قصة رمزية للحقيقة في الخطاب الغربي – والقيمة المرتبطة بالأنوثة (جوهر المرأة أو حقيقتها) موجودة لتهدئة هذا الألم التأويلي. هذا هو الأساس أو تشكل أكثر الأماكن رسوخًا للعقلانية الغربية (لما اقترحت عليه اسم

مركزية الفلسفة). هذه هي الأماكن التي من المناسب لنا التعرف عليها، على الرغم من وجود رغبة صغيرة في القيام بذلك. ليس لجعلها موضوعًا بسيطًا للمعرفة (نحن نتعامل بدقة مع معايير المعرفة والمعرفة كقاعدة)، ناهيك عن العيش فيها أو إنشاء منزل لها (سيظل هناك مكان للمرأة في المطبخ)، ولكن لأجل معرفة كيفية ابتكار نقش آخر، قديم جدًا أو جديد جدًا، لإزاحة نقوش أخرى عن الأماكن والأجساد.

تذكرت عبارة "تأصيل الأوثان" (الحقيقة، الأنوثة، جوهرية المرأة أو الجنس الأنثوي كأوثان). من الصعب الارتجال هنا لفترة وجيزة، لكنني سأشير إلى مشكلتين. يمكن تجنب الأولى خلال التمييز بين السياق وأي مفهوم للوثن نشير إليه، حتى لو حلّ محله. حول هذه النقطة، اسمحي لي أن أشير إلى ما قيل عن الشهوة الجنسية والجنس الأنثوي في **مهاميز ونواقيس والبطاقة البريدية**، حيث لا يمكن تجنب الفخ الآخر، الأكثر سياسية، إلا من خلال مراعاة الظروف الحقيقية التي تتطوّر فيها نضالات النساء، على جميع الجبهات (الاقتصادية والأيديولوجية والسياسية). غالبًا ما تحافظ مثل هذه الظروف، في مراحل طويلة إلى حدّ ما، على الافتراضات الميتافيزيقية التي نعلم بالفعل أنه سيتعين مساءلتها في مرحلة لاحقة – أو في مكان آخر – لأنها تنتمي إلى النظام السّائد الذي بدأ تفكيكه عمليًا. هذا التعدّد في الأماكن واللحظات والأشكال والقوى لا يعني دائمًا التخلّي عن نفسه لصالح النسبية أو التجريبية أو التناقض. كيف تتنفّس بدون هذا التوسع وبدون تعدّد الإيقاع أو الخطوات؟ كيف ترقص، هل ستقول النسوية ما هو منشق؟

ماكدونالد: هذا يثير قضية هامّة يجب ألاّ نتجاهلها، حتى لو لم يكن لدينا متسع من الوقت هنا لتطويرها: العلاقة المعقّدة بين الممارسة السياسية وأنواع التحليل المختلفة (لا سيما "التفكيك" الذي تضمنه "التحليل" في إجاباتك)؛ حيث تم التطرق لحقيقة أن هذه العلاقة لا يمكن ترجمتها ببساطة إلى معارضة بين

التجريبي وغير التجريبي في سياق مختلف تمامًا (رودولف غاشي، 1982)، يجب أن نستكشف أكثر مسألة طريقة التعامل مع الآثار المتبادلة لهذه القوى والاحتياجات في سياق نضالات النساء. سنترك ذلك إلى حين آخر ولنرجع إلى أنطولوجيا هايدجر.

دريدا: للإجابة عن سؤالك حول هايدجر وكي لا أتتبّع مسار القراءة المنقسِمة بوضوح إلى لحظتين في مهاميز، يجب أن أقتصر على إشارة أو حتى سؤال مفتوح للغاية. إنه ينطلق من النهاية، إن جاز التعبير، من النقطة التي يتغيّر فيها فكر "الهبة" و"الملكية"، دون قلبها ببساطة، ترتيب الأنطولوجيا، سلطة السّؤال "ما هو"، تبعية أنطولوجيات المواقع لعلم الوجود الأساسي. سأذهب سراعا قليلاً، لكن كيف أفعل ذلك هنا؟ بدءًا من هذه النقطة، وهي ليست نقطة، يمكننا أن نسأل أنفسنا ما إذا كان هذا الفكر، الصّعب جدًا وربما المستحيل، بإمكانه الحفاظ على علاقة أساسية مع الاختلاف الجنسي، أو إذا ظلّ الاختلاف الجنسي، الأنوثة على سبيل المثال، مهما كان غير قابل للاختزال، وقد يكون مشتقًا وخاضعًا للفكر أو المقصد (أقول "الفكر" لأننا لا نستطيع قول الفلسفة أو النظرية أو المنطق أو البنية أو المشهد أو أيّ شيء آخر؛ عندما لم يعد توظيفها هنا ممكنا، لا توجد كلمة من هذا النوع، عندما لا يمكننا قول أيّ شيء تقريبًا، نقول "الفكر". هل ينبغي التفكير في إرجاء الاختلاف الجنسي "قبل" أم عند "البدء به"؟ هل سيكون لهذا السّؤال، بأيّ حال من الأحوال معنى، إن لم يكن له معنى على الأقل (نحن هنا في أصل المعنى، ما لا يمكن أن يكون له "معنى" هنا)، فهو بمثابة إمكانية فتح شيء ما مهما كان.

ماكدونالد: أنت تشكّك في شكل الاحتجاج الذي يميّز المرأة، وهو خضوع المرأة للرّجل. سأحاول أن أصف هنا مسار حجّتك، كما أفهمها، ثم أعلق عليها.

تم تشكيل المعنى الجديد للكتابة المرتبط بمفهوم التفكيك خلال قراءات دقيقة لنصوص مختلفة لأفلاطون وروسو ومالارميه وغيرهم مثلا. إنه شعور لا

تعمل فيه الأزواج الثنائية التقليدية (مثل التعارض بين الرّوح والمادة، بين الرّجل والمرأة) وفقًا للامتياز الممنوح للمصطلح الأوّل على الثاني. في سلسلة من المقابلات المنشورة تحت عنوان **مواقع**، تحدّثت عن برنامج لفعل التفكيك مؤلَّف من مرحلتين (تُفهم "المرحلة" هنا على أنها مصطلح بنيوي وليست مصطلحًا زمنيًا).

يجب أن يحدث الانقلاب في المرحلة الأولى، بحيث يتم عكس الشّروط المعاكسة. وبالتالي، يمكن أن تصبح المرأة، بوصفها مصطلحا ثانويا سابقًا، المصطلح السّائد فيما يتصل بالرجل. ومع ذلك، نظرًا لأن مخطط الانعكاس هذا سيكرر ببساطة المخطط التقليدي (حيث يُعاد تشكيل التسلسل الهرمي للثنائية دائمًا)، فلن يكون قادرًا على إحداث تغيير كبير. يمكن لمثل هذا التغيير أن يحدث فقط خلال المرحلة "الثانية" الأكثر جذرية من التفكيك، حيث يُصاغ مفهوم "جديد" في الوقت نفسه. لقد زوّدنا موضوع الاختلاف، الذي ليس "مفهومًا" ولا "كلمة" بسيطة، بمجموعة مألوفة من المصطلحات ذات صلة وثيقة فيما بينها: الأثر والملحق والفارماكون وغيرها. من بينها، هناك نوعان يحملان علامات جنسية، وفي معانيهما المقبولة عمومًا، يرتبطان بجسد المرأة: **غشاء البكارة** (1972) و**غشاء البكارة المزدوج** (1986).

دعونا نأخذ مصطلح **غشاء البكارة** فقط، حيث يوجد ارتباك أو استمرار لمصطلح الجِماع، الذي يستمد منه معناه المزدوج: **أوّلا**) من "طيّة غشائية من الأنسجة تسدّ جزئيًا أو كليًا فتحة المهبل الخارجيّة" (وهو ما تعنيه الكلمة اليونانية) **وثانيا**) من الزّواج (من الأساطير اليونانية؛ إله الزّواج). المعنى الأول: غشاء البكارة الذي يحمي البكارة وهو أمام الرحم. بمعنى آخر، يوجد بين داخل المرأة وخارجها، بين الرغبة وتحقيقها. لذلك، حتى لو كانت الرغبة (الذكورية) تحلم بثقب غشاء البكارة أو تمزيقه بعنف (بالمعنى الثاني، معنى الإكمال)، إذا حدث هذا، فلا وجود لغشاء بكارة.

في حين أن للعبـة الغراماتولوجيـا المهمـة تـأثيرات (تتجلّـى فيهـا الـدوافع اللاواعية من خلال التحولات والتجاوزات التاريخية لاستخدامها). يبدو لي، إزاحةً لهـذه المصطلحات، أنَّ كـلَّ نفس لا تـزال تمثل مشكلة بالنسبة لأولئك الذين يحاولون تحديد ما هو مؤنث/أنثوي على وجه التحديد. هذا لا يعني أن هذه المصطلحات قد تم تقييمها بما هو أقلّ من قيمتها أو مبالغ فيها كأجزاء من جسد المرأة. هذا يرجع بالأحرى إلى حقيقة حركة الكتابة التي تكون دائمًا مراوغة، لا يمكن للمرء أبدًا أن يقرّر بشكل صحيح ما إذا كان المصطلح المعني يشير إلى تواطؤ أو قطيعة مع أيديولوجية اللحظة. ربما لأنه، كما يقول آدم عـن حـواء في هجاء مـارك تـوين، يوميـات آدم وحـواء، لا يقتصر الأمر على "اسم المخلوق الجديد... هذا هو جوهر الأمر – " روحك مضطربة (أو أنها كما يفضّل نيتشه)، كل شيء يظهر ذلك ".

في هـذا الصـدد، تتبـادر إلـى الـذهن ملاحظـة في الصفحة 207 مـن "**جلسـة الاستماع المزدوجة** (1972)" (، بشأن إزاحة الكتابة وتحويلها وتعميمها. المثال المـذكور هـي الجـراح التي صـرخ بعـدها فرويـد، عنـدما علـم بصعوبات في الاعتراف بإمكانية حدوث هستيريا ذكورية، "لكن، أيهـا الزميـل العزيـز، كيـف يمكنك قـول هـذا النزق؟ هيسـتيرون (Hysteron) تعني الرّحم. كيف يمكن أن يكون الرجل في حالة هستيرية؟".

كيف يمكننا تغيير تمثيل المرأة؟ يمكننا الابتعاد عـن الضّلـع، حيـث تكون المرأة زوجة ("ستُدعى امرأة/حوّاء (icha) – لأنها خلقت مـن رجـل/آدم (ich)"، سفر التكوين 2: 23) للذهاب إلى الرحم، حيث تكون أمّا ("الرجل المولود من امرأة" أيوب 14، 13)، بلا خسارة جوهرية؟ هل لدينا مفهوم "جديد" للمرأة، ما نعتبره بداية للمرحلة الثانية؟

دريدا: لا، لا أعتقد أننا نمتلكها، حتى لو زعمنا بشيء من هذا القبيل، أو أن شيئًا من هذا القبيل موجود أو سمح لنفسه بأن يعد به. أنا شخصيا لست متأكدًا

من أنني أفتقده. قبل الحصول على مفهوم جديد، هل نحن على يقين من أن لدينا مفهوما قديما؟ من جهتي، هناك سؤال أو بالأحرى كلمة "مفهوم" وعلاقتها ببعض الجوهر الصَّارم الذي يمكن تحديده بشكل صحيح. هذا من شأنه أن يقودنا إلى الأسئلة السابقة. في نظام بأكمله، ينتمي مفهوم المفهوم إلى ما يقضي بأن مشكلة المرأة والاختلاف كالاختلاف الجنسي يجب أن يزعج ويقلق. علاوة على ذلك، لست متأكدًا من أن "المرحلة الثانية" تشير إلى قطيعة مع "المرحلة الأولى"، وهي تمزق في شكل قطع على طول خط غير قابل للتجزئة. العلاقة بين هاتين المرحلتين بلا شكّ لها بنية أخرى. من أجل العرض، تحدثت هنا عن مراحل مختلفة، لكن العلاقة بين مرحلة وأخرى لا تتميّز بالتحديدات المفاهيمية (مفهوم جديد يتبع مفهومًا قديمًا)، ولكن خلال التحول أو التشوه العام للمنطق، العنصر أو "المنطقي" يعني نفسه، على سبيل المثال، من خلال تجاوز "الموضع" (يتم تحديد الاختلاف على أنه معارضة، ديالكتيكيًا كان أم لا). هذا له عواقب وخيمة على ما نتحدّث عنه، حتى لو كنت أقوم بصياغته على ما يبدو بطريقة فارغة وغير مجسّدة. يمكننا إثبات ذلك: عندما يُحدَّد الاختلاف الجنسي في التناقض بالمعنى الديالكتيكي، وفقًا للحركة الهيغيلية للديالكتيك التأمّلي، الذي لا تزال ضرورته قوية جدًا إلى ما وراء نص هيجل، يبدو أنّ حرب الجنسين قد انطلقت؛ لكن نهايتها تسارعت بانتصار الذَّكر. إن تحديد الاختلاف في المعارضة مقدّر في الواقع، **في الواقع**، إلى محو الاختلاف الجنسي. المعارضة الديالكتيكية تحيد أو "تقمع" الاختلاف. ولكن في كل مرة، وفقًا لعملية خفية يجب اكتشافها، فإنها تؤمّن هيمنة التمركز القضيبي تحت غطاء التحييد. هذه المفارقات معروفة الآن بشكل أفضل. وأحيانًا يتم تزيين هذه النزعة البالية، هنا وهناك، بملحق: بنوع معين من النسوية. بالطريقة ذاتها، يمكن أن تذهب المركزية والمثلية الجنسية معًا، إن جاز لي القول، وأنا أفهم هذه الكلمات بمعنى أوسع وأكثر راديكالية سواء تعلّق الأمر بالمثلية الجنسية بين الإناث أو الذكور.

وماذا لـو كانـت "الزوجـة" أو "الأم" لا تـزال شخصيـات في هـذا الجـدل المِثليّ؟ الذي يبدو أنك متأكدة من قدرتك على الانفصال عنه. أنا الآن أشير إلى سـؤالك عن "تمثيل" المرأة وعـن هذه "الخسـارة" في المرور من ضلع الرجل إلى مهبل المرأة، الزوجة، الأم كما جاء في قولك. لماذا يكون ضروريا اختيار هـذين "المكانين" فقط بين هذين الاحتمالين، بافتراض قدرة المرء على الفصل بينهما حقًّا؟

ماكدونالد: إن السُّخرية مـن تـوظيفي المبكِّر للمقولـة المبتذلـة "مكـان المرأة"، والتي يتبعها القول المأثور "في المنزل" أو "في المطبخ"، تتيح لك حرية التفكير في أماكن أخرى دون تغيير أي شيء في العالم - حسب معنى العبارة. بقدر ما يتعلق الأمر "بمكانة" النساء في سِفر التكوين وأيوب، كضلع (زوجة) أو رحم (أم)، فإن الأمر يتعلـق بفـروق وظيفيـة أكثر جوهريـة. ومـع ذلـك، ضـمن هـذين الـدورين التقليديين، يعني اختيار أحدهما وفقدان الآخر. أنت محق في ملاحظة أن مثل هـذا الاختيـار لـيس ضروريًا؛ يمكـن أن يكـون هنـاك تجـاور أو اسـتبدال أو مجموعـات أخرى محتملة هنـاك. لكـن هـذه النصوص التوراتيـة ليست عبثية عندما تفكّر في تمييز وظيفي حدّد "مكانة المرأة" في الثقافة الغربية على حد سواء.

دريدا: منذ أن استحضرت سِفر التكوين، أودّ أن أستحضر مرة أخرى القراءة الرائعة التي يقترحها ليفناس (1980) دون أن نعرف بوضوح ما إذا كان حقًّا يجعلها ملكًا له، أو ما هي حالة "التعليق" التي يكرسها. ستكون هناك مكانة ثانوية للمرأة بالتأكيد: حواء (icha). سيأتي الرجل، آدم (ich)، أولاً، أي سيكون في البدء. ومع ذلك، لن تكون الثانية بين المرأة أو الأنوثة، أو تقسيم المذكر/ المؤنث. ستكون العلاقة مع الاختلاف الجنسي فقط هي العلاقة الثانوية، وليس الجنس الأنثوي. في الأصل، وهذا هو المهم، ستكون هناك إنسانية بشكل عام، قبل أي علامة جنسية، في هذا الجانب وبالتالي ما وراءها. هذا من شأنه أن يوفر إمكانية الأخلاق، التي تُفهم

110

على أنها علاقة مع الآخر مثل الآخر الذي لا يأخذ في الاعتبار أي تحديد لأي طبيعة جنسية، على وجه الخصوص. كيف ستكون الأخلاق إذا فرض الانتماء إلى جنس قانونه أو امتيازه؟ إذا كانت عالمية القوانين الأخلاقية قد تم تعديلها أو تقييدها حسب الجنس؟ إذا لم تكن فاضحة، وليس لديها حالة جنسية معينة؟

على الرغم من ضرورة هذه القراءة أو قوتها أو إغرائها، ألا تخاطر بإعادة التفسير الكلاسيكي هناك؟ بطريقة خفية وراقية بالتأكيد، باسم الأخلاق، أي باسم الأخلاق التي لا يمكن تعويضها. مرة أخرى، يشير التفسير الكلاسيكي إلى النشاط الجنسي الذكوري الذي يتم تقديمه على أنه أصالة محايدة أو، على الأقل، قبلي أو متفوق على أي علامة جنسية. يدرك ليفيناس جيدًا المخاطر التي ينطوي عليها محو الاختلاف الجنسي. ثم يحافظ عليها: يبقى الإنسان بشكل عام أن يُجنس، لكنه لا يستطيع فعل ذلك، على ما يبدو، دون إعطاء الجنس (المتمايز) مكانًا أدنى من البشرية (التي تقع في ذروة الروح)، وقبل كل شيء، دون إعطاء المذكر في الوقت نفسه مكان البداية والقيادة. من الأرخي (arkhè)، في ذروة الروح. تحمل في حدّ ذاتها التناقض الأكثر إثارة للاهتمام، وقد تكرّرت هذه الالتفاتة منذ "آدم وحوّاء"، على سبيل المثال، والتشابه يصرّ على "الحداثة"، على الرغم من كل الاختلافات في الأسلوب والعلاج. أليست هذه سمة "رحمية" كما قلنا للتو؟ أو الأبوية، إن كنت تفضّلين ذلك، ولكن هذا دائمًا ما يُحدث الشيء نفسه، أليس كذلك؟ بغض النظر عن تعقيد المسارات والعقدة البلاغية، ألا تعتقدين أن الحركة الفرويدية تكرّر هذا "المنطق"؟ أليست هذه هي المخاطرة التي يحملها هايدجر؟ يجب أن نقول بالأحرى المخاطرة التي يتم تجنّبها، لأن المركزية القضيبية هي ضمان ضدّ عودة ما يُعدّ بلا شك أكثر المخاطر المحزنة. وبما أنني قمت بتسمية هايدجر في سياق تكون فيه هذه الإشارة نادرة وقد تبدو غير عادية، فسأتوقّف هنا للحظة، إذا سمحت لي، درءا للوقوع في إفراط أو تفريط شديدين في الآن معا.

لا يبدو أن هايدجر يتحدّث البتة، إذا جاز التعبير، عن النشاط الجنسي أو الاختلاف الجنسي. كما يمكنك أن تتخيّلي، هذا ليس إغفالًا أو مطلبًا. لم يتحدّث أبدًا عن التحليل النفسي، باستثناء الإشارات السلبية الغريبة العابرة. إنه ليس إغفالاً ولا سهوا. هذا الصمت يتخلّل أو يفسح أو يعلق خطابًا له إحدى نقاط قوته (كونه سريعًا جدًّا ومخططًا أكثر من اللازم) عندما يبدأ في رفض جميع الأوراق المكتسبة، وجميع الافتراضات المترسّبة في الأنطولوجيا الكلاسيكية والأنثروبولوجيا، والعلوم البشرية أو الطبيعية. حتى يعود إلى ما دون قيم الموضوع / الكائن؛ واعي / فاقد للوعي، الروح/ الجسد وأشياء أخرى كثيرة للدازاين. ما يفتح تحليله الوجودي، إذا جاز التعبير، الطريق إلى مسألة الوجود، ليس الكائن البشري (الذي أشار إلينا فكر ليفيناس للتو) ولا الذّات ولا الوعي ولا الأنا نفسه (الواعي أو غير الواعي). كلّ هذه التحديدات مشتقة ومراقبتها فيما يتعلق بالدازين. الآن – وهذا هو المكان الذي أردت الوصول إليه بعد هذا التَّسارع غير المقبول – تبرّر دورة من عام 1928 (مارتن هايدجر، 1978، ص 171) مرّة أخرى بطريقة معينة في صمت **الكينونة والزمان** عن الجنس. لم يتم كسر هذا الصّمت حقًّا، على حدّ علمي، بعد **الكينونة والزمان** في فقرة من تلك الدّورة المخصّصة لـ "مشكلة **الكينونة والزمان**، يتذكر هايدجر أن تحليل الدازاين ليس أنثروبولوجيا ولا أخلاقيا ولا ميتافيزيقيا. في مواجهة أي تعريف أو موقع أو تقييم لهذه الحقول، يكون الدازاين محايدًا. يصرّ هيدجر على هذا "الحياد" الأساسي والأصلي للكينونة ويحدّده: "هذا الحياد يعني أيضًا أن الدازاين ليس من الجنسين. لكن هذه اللاجنسية (Geschlechtslosigkeit) ليست لامبالاة بذلك الفراغ السلبي غير الصالحة للعدم الوجودي اللامبالي. الدازاين في حياده ليس بدون مبالاة للكل ولا لأحد (Niemand und Jeder)، ولكن الإيجابية الأصلية وقوة الوجود (Mächtigkeit des Wesens أو الجوهر) "(مارتن هايدجر، 1978، ص 171). سيكون من الضروري قراءة التحليل التالي عن كثب،

وسأحاول القيام بذلك في وقت لاحق. يصرّ هذا التحليل على هذه الشخصية الإيجابية كثيرًا، الناشئة والقوية بطريقة ما، لهذا الحياد اللاجنسي الذي لا يمثل لا هذا ولا ذاك (weder noch) للتجريد الوجودي. إنه أصلي وجودي. بتعبير أدق، لا تعني اللاجنسية هنا غياب النشاط الجنسي – يمكننا أن نقول الدّافع أو الرغبة أو حتى الرغبة الجنسية – بل غياب علامة موجودة تؤشر على الانتماء إلى أحد الجنسين. ذلك لا يعني أن الدازاين لا ينتمي فعليًا أو جزئيًا إلى الجنس؛ كما لا يعني أنه محروم من الحياة الجنسية، ولكنه، مثل الدازاين، لا يحمل علامات هذا التعارض أو هذا البديل بين أحد الجنسين. هذه العلامات ليست بنى أنطولوجية، على الأقل بوصفها علامات متعارضة وثنائية. لا إشارة في هذا إلى أي ازدواجية بدائية أو سائرة. سيؤدّي مثل هذا التلميح مرة أخرى إلى تحديدات تشريحية وبيولوجية وأنثروبولوجية. وسيكون الدازاين في بنيته الأصلية و"قوته" "سابقًا" على هذه التحديدات. أضع علامات التنصيص حول كلمة "سابقا" لأنها لا تحتوي على أهمية كرونولوجية أو تاريخية أو منطقية. ومع ذلك، كان تحليل الدازاين عام 1928، هو فكرة الاختلاف الأنطولوجي وتكرار السّؤال حول مسألة الكينونة، وفتح إشكالية أخضعت للتوضيح والتفسير الراديكاليين كلَّ مفاهيم التقليد الفلسفي الغربي. وبالتالي، فهي مسألة تقييم نطاق هذا التحييد، الذي يكمن أبعد من الاختلاف الجنسي وعلامته الثنائية، إن لم يكن الجنس نفسه. سيكون عنوان المشكلة الهائلة التي يسعدني أن أذكرها هنا، الاختلاف، الاختلاف الأنطولوجي والجنسي.

وبما أن سؤالك أثار "موضوع الاختلاف"، فبودّي القول إن هذا السؤال قد انتقل إلى أبعد من هذا الحقل الغامض للغاية. ما يُطلب هنا هو المقطع بين الاختلاف الأنطولوجي والاختلاف الجنسي أيضًا، وربما هو مقطع لم يعد يسمح لنفسه بالتفكير أو فتحه وفقًا للأقطاب التي أشرنا إليها للتو (الأصل/ المشتق؛ الأنطولوجي/ الوجودي؛ الأنطولوجيا/ الأنثروبولوجيا؛ الفكر في

الوجــود/ الميتافيزيقيــا أو الأخــلاق ومــا إلــى ذلــك). قــد تكــون مجموعــة المصطلحات التي ذكرتها (لأنه لا يوجد شيء يتم تقديمه أو ضمانه أبدًا) نوعًا من التحول أو تشوّه الفضاء الذي يميل إلى تجاوز هذه الأعمدة وإعادة إدراجها فيـه. بعـض هـذه المصطلحـات، "غشـاء البكـارة" أو "الانغمـاس"، كمـا قلـت، "بمعناها الأكثر شيوعًا، تلتصق بجسد المرأة..." هل أنت متأكّدة؟ أشكركم على توظيف مثـل هـذا التعبيـر الحكيـم. لـم تخفَ عـن ملاحظتـي، بالطبـع، أن هـذه الكلمات تشير إلى "معناها الأكثر قبولًا"، والإصرار الـذي أظهرتِه على إعادة صياغة خطاب فلسفي أو نظري "محايد" بشكل مفرط، فرض نفسه عليّ كما تمليه التحفّظات التي ذكرتها الآن في موضوع استراتيجية التحييد سواء كانت مقصـودة أو غيـر مقصـودة. لكـن يجـب أن يتـم ذلـك بـدون أيّ نـوع مـن التسـهيل، وقبـل كـل شـيء، دون تراجـع، إن كان ذلـك ممكنًـا، فيمـا يتعلـق بمـا يمكـن أن يبـرّر، كما رأينا، طرق العمل مع ليفناس أو هيدجر، على سبيل المثال. ومع ذلك، فإن "غشـاء البكـارة" أو "الانغمـاس"، علـى الأقـل في السـياق الـذي فيـه هـذه الكلمات بشكل مستتر، لم يعد يعين ببساطة أشكالًا لجسد الأنثى. لم يعد يحـدّد ذلـك، أي أنـه لا يفتـرض أن هنـاك معرفـة مضمونـة حـول ماهيـة جسـد الأنثـى أو الذكر، وأن علم التشريح هو الملاذ الأخير هنا. ما يبقى غير قابل للتقرير هنا لا يتعلـق بسـمة الانقسـام بيـن الجنسـين فقـط. كمـا تـذكرت، فإن هـذه الحركـة لا تختصر في النهاية إلى مجرد كلمات أو مفاهيم. وما تبقى هناك لا يمكن استخلاصه من الأداء (الذي يميزه ويحـدّده) الـذي يشـغلنا هنـا، بـدءًا – بالأمثلـة التـي اخترتهـا – بنصـوص مالارميـه أو بلانشـو، مـع عمـل القـراءة أو الكتابـة الـذي يستضيفهم. يمكننا القول بكل صرامة إن غشاء البكارة غير موجود. كل مـا يبني قيمة الوجود هو غريب عن "غشاء البكارة". وإذا كان لديك غشاء البكارة، فأنا لا أقـول إن كان غشـاء البكـارة موجـودًا، فـإن قيمـة الخاصيـة لـن تناسـبك أيضًـا، لأسباب ألحّ عليها في النصـوص التي أشـرت إليها. فكيف يمكن إذن أن يُعزى

وجود غشاء البكارة إلى المرأة؟ كما أن هذه ليست سمة من سمات الرّجل، ولا حتى من سمات الإنسان. أستطيع أن أقول الشيء نفسه عن "الفتنة". علاوة على ذلك، كان يتم نقش هذا دائمًا في حياكة، ويتم طيّها بشكل مضاعف ومقلوب إلخ. لهذا، أليس من الصعب التعرف على "تمثيل المرأة" هناك؟ وعلاوة على ذلك، حتى في التمثيل المشترك، لماذا يجب أن يكون المهبل للأم فقط؟ من ناحية أخرى، لا أعرف ما إن كان تغيير التمثيل يجب أن يعهد إلى المستقبل/ الآتي. مثل كلّ الأسئلة التي نناقشها في الوقت الحالي، يبدو لي هذا السؤال، الذي بدأ كمسألة تمثيل، قديمًا جدًا ومع ذلك لم يولد بعد، كنوع من المخطوطات القديمة المجعّدة بكل الطرق، مثقلة بالهيروغليفية ومع ذلك عذراء كأصلها، مثل الصباح أو الشرق الذي أقبلت منه.

ماكدونالد: تطرح كلمة الرق في اللغتين الانجليزية والفرنسية إحراجات لغوية وتأثيلية، من المسار وعلى الطريق والعبور إلى الخصي وغيره..

دريدا: وأنت تعلمين أن كلمة "رق"، التي يجب أن نضع حدًا لها، لا تأتي بأي "مسار" من برغاموم في آسيا. يعتبر قاموس Littré، الذي يقدم أصل هذه الكلمة، أن الحرب مسؤولة عن ظهور "pergamena" أو "pergamina" لذلك فهو نتاج الحرب: بدأت الكتابة على أجساد الحيوانات وجلودها؛ لأن ورق البردي أصبح نادرًا جدًا. ويقال أيضًا إن الورق يُحضَر أحيانًا من جلد الحملان الميتة. وبحسب بليني، لجأ ملك برغامس إلى الرق بدافع الحسد. وكان خصمه بطليموس، ملك مصر، فخورًا جدًا بمكتبته، ولم يكن لديه سوى الكتب الورقية. كان من الضروري العثور على مجموعات جديدة من الكتابة.

ماكدونالد: أود العودة إلى مسألة الكتابة والرقص، حول الكوريغرافيا المذكورة للتو. إذا لم يكن لدينا مفهوم "جديد" للمرأة، بما أن تطرّف المشكلة يتجاوز

"الفكر" أو المفهوم، فما هي فرصنا في التفكير في "الاختلاف"، فما هي، حسب رأيك، فرصتنا و"من" نحن جنسيًا؟

دريدا: لقد بدا لي دائمًا أنه في ضواحي هذا العتمة، يجب تقسيم الصوت نفسه ليقول ما يمكن أن يفكّر فيه أو يقوله. لا يمكن لخطاب أحاديّ – وأعني أحاديّ الجنس هنا – أن يهيمن، بصوت واحد، بنبرة واحدة، على مساحة هذه العتمة. حتى لو كان "الخطاب الذي يحافظ على نفسه" موقَّعًا من قبل الأب أو اللّوغوس. وهكذا، أحصر نفسي في شهادة واحدة ودون اقتراح أي مثال، شعرت بالحاجة إلى جوقة النص الكوريغرافي مع توقيعات متعدّدة الجنس في كل مرة بشرعية معينة للمحايد والحياد الجنسي، على ما يبدو أقل اشتباهًا بهيمنة التمركز القضيبي أو التمركز النسوي (gynocentric)، للتمكن من شلّ حركة الصمت، أو الغزو بمهارة أو احتجاز أو عزل ما تبقّى، بلا شك، غير متماثل بشكل غير قابل للاختزال. الذي ألمح إليه لا يزال متماثلًا في الآن نفسه، والذي قد يبدو سخيفًا، ولكن بشكل مضاعف وثنائيًا بقالب غير متناسب، كنوع من الإفراط المتبادل والاحترام. قد يكون هذا التباين المزدوج يفيض بالعلامات المعروفة، دعنا نقول –مجازًا– القواعد اللغوية والإملائية للجنس. هذا ما يعيد في الواقع طرح السؤال: ماذا لو وصلنا إلى هنا، ماذا لو كنا نقترب من هنا، من منطقة العلاقة مع الآخر حيث لم يعد رمز العلامات الجنسية يحدد أو يميز؟ لم تعد العلاقة، إذن، لا جنسية، بعيدًا عن ذلك، ولكنها جنسية بخلاف ذلك، بما يتجاوز الاختلاف الثنائي الذي يحكم ملاءمة جميع الرّموز، بما يتجاوز التناقض الأنثوي/ الذكوري، إضافةً إلى ما وراء الازدواجية الجنسية أو الشذوذ الجنسي أو الاختلاف الجنسي، مما يؤدّي إلى الشيء نفسه؟ عندما كنت أحلم بتوفير الفرصة على الأقل لطرح هذا السؤال، فضّلتُ الإيمان بتعدّد الأصوات ذات العلامات الجنسية، في هذا العدد غير المحدّد من الأصوات المتشابكة، في هذا المحمول من العلامات الجنسية غير المحددة التي يمكن لتصميم الرقصات أن

تسحب جسد كلّ "فرد"، تعبره، تقسّمه، سواء صُنِّف "رجلا" أو "امرأة" حسب المعايير المتبعة. من المؤكد أنه ليس مستحيلا أن تستمرّ الرغبة في ممارسة جنسية لا حصر لها في صوننا مثل الحلم من المصير العنيد الذي يحكم كلّ شيء على إدامة الرقم الثاني. وهذه العلبة التي لا ترحم ستوقف الرغبة في جدار المعارضة، بغض النظر عن مدى كفاحنا، لن يكون هناك أكثر من جنسين، أو جنس واحد أو أدنى منه، المأساة سيكون لها تلك النكهة، مشروطة تمامًا باختصار، أنها ستكون ضرورية للتأكيد، وتعلم أن تحب بدلاً من الحلم بما لا يحصى. نعم، ربما، لِمَ لا؟ ولكن من أين سيأتي حلم "اللامتناهي" إذا كان حلما؟ ألا يثبت الحلم أنه حلم وأنه لا بدّ من وجوده ليجعله المرء حلمًا؟ وبعد ذلك، أسألك، كيف سيكون الرقص؟ هل سيكون هناك رقص إذا لم نغير الجنسين بعدد غير محدد، وقانون الجنسين بإيقاعات متنوعة للغاية؟ بالمعنى الدقيق للكلمة، فإن التبادل نفسه، وبصراحة تامة، لن يكون كافيا، حيث تظلّ الرغبة في الهروب من التوليفات البسيطة وابتكار تصميمات رقصٍ لا تُحصى، قائمة دوما وأبدا.

مفكّر الحدث

حوار مع جاك دريدا – جيروم ألكسندر نيلسبرغ[1]

ثراء كتابي يتاخم ثمانين مجلدا. إنّ العمل الـذي طـوّره جـاك دريدا منـذ مـا يقارب أربعة عقود يُعترف به اليوم في جميع أنحاء العالم باعتباره أحد المكونـات الأساسية لحداثتنا الفلسفية. "التفكيك"، وفقًا للاسم الـذي أطلقـه المفكر على عمله، يتجاوز الإطار الصـارم للدراسة الأكاديمية: حين تتعلـق كتبه بنص أفلاطون ونص القانون الدولي. ومع ذلك، فهذه كلمة السر: كن منفتحًا على ما سيأتي، لما سيأتي، على الآخر.

منذ عقد ونيف، لقت كتبكم استقبالًا في المجال السياسي. مثل الكتب التي تُفتح أحيانًا على سياسة الصداقة، وأحيانًا حـول سياسة الـذاكرة، أو حتى عـن سياسة الضيافة. كيف تفهمون مصطلح السياسة؟

دريدا: سأجيب بالضرورة بشكل تخطيطي وتيليجرافي. إذا كانت نصوصي، لفترة طويلة، تُعدّ محايدة سياسيا – بينما كانت تحيزاتي اليسارية معروفة – فذلك لأنني كنت دائمًا منتبهًا للسياسة، ولم أتعرف على نفسي، ولم أدرك ما أريد أن أفكر فيه، وهي القوانين السياسية المهيمنة. وهو ما يفسر لماذا لم أقم مطلقًا، لفترة طويلة، بقول كلمة واحدة ضد ماركس، ولكن لـم أقل كلمـة واحـدة لصـالحه، بينما بقيت منتبهًا جدًا لما كـان يـحدث في هـذا الجانب. ومع ذلك، كنت منفتحًا على إتاحة

---

(1)   **الإنسانية**، 28 يناير 2004.

خطاب سياسي يُراعي عمل التفكيك الذي شرعت فيه. انتظرت أن أكون قادرًا على التعبير عن عملي في التفكيك بمفهوم متجدّد للسياسة.

بالنسبة لي بدا هذا ممكنا عندما انهارت ما تسمى بالأنظمة الشيوعية وعندما تأكد موت ماركس في كل مكان. اعتقدت أنه كان غير عادل وضارا سياسيًا وخطيرًا. أطياف ماركس هو كتاب معقد ومتعدد الطبقات ومتناقض بشكل متعمد، ليس "لأجل" ماركس فقط، ولكن بطريقته الخاصة أيضًا لماركس. منذ ذلك الحين، سعيت في جميع أنواع الكتب والخطب والتعاليم، للتفكير في ما يمكن أن تكون عليه أمميـة جديـدة، مـع مراعـاة العولمـة والمشـاكل الجديـدة للسيادة، وكـل ذلـك في السياسي، في عملية الانفصال عن قلب السياسة: الدولة القومية الإقليميـة، المرتبطـة بطريقة أساسية بالجذور القومية. إنها مسألة إعادة التفكير، ليس في السياسة، ولكن في السياسي نفسه، وفي القانون الدولي وتوازن القوى، لتحليل وفهم الهيمنة الأمريكية، والوهن النقدي والمتناقض للولايات المتحدة الأمريكية أيضًا، والأماكن الجديدة والطرق الجديدة لتنظيم الحركات السياسية، التغايرية في حراك قوى العولمة البديلة، التي أعتقد أنها ستقرّر مستقبل "العالم".

عنـد القـراءة، يبـدو أن شـبحًا آخـر يطـارد نصوصكم، وبعـض المفـاهيم التـي تطورونها من الإتيقا، مثل: العدالة والصّفح والضيافة.

جاك دريدا: بطريقة ما، كانت الأسئلة الإتيقية موجودة دائمًا، ولكن إذا كنا نعني بالإتيقا نظامًا من القواعد والمعايير الأخلاقية، فعندئذ لا أقترح إتيقا. ما يهمني في الواقع هو أپوريات[1] الإتيقا، حدودها، لا سيما حول مسائل الهبة والصفح والسر والشهادة والضيافة، عن الحي – الحيوان أم لا. كل هـذا يعني فكرة اتخاذ القرار: يجب أن يتحمـل القرار المسؤول وليس فقط أن يمـر أو يتجاوز تجربة غير قابلة

---

(1)   الأبوريات جمع أبوريا (Aporia)، وتعني الاستعصاء أو المعضلة التي ليس لهـا حلّ نهائي.
(المترجم)

للتقرير. إذا كنت أعرف ما عليّ فعله، فأنا لا أتخذ قرارًا، أو أطبق المعرفة، أو أنشر برنامجًا. لكي يكون هناك قرار، يجب ألا أعرف ماذا أفعل.

هذا لا يعني أن نتخلى عـن المعرفة: يجب أن نعلـم أنفسنا، ونعرفها قدر الإمكـان. ومـع ذلـك، فـإن لحظـة القـرار، واللحظـة الإيتيقيـة، إن صـح التعبيـر، مستقلة عن المعرفة. يُطرح السؤال الأخلاقي في لحظة "لا أعرف ما هي القاعدة الصحيحة". ما يقلقني إذًا هو هذه اللحظة الأخلاقية المضادة إيتيقيا للإتيقا، هـذه اللحظة التي لا أعرف فيها ماذا أفعل، عندما لا تكون لديّ معايير متاحة. ولكني أشارك لأخذ حيز من العمل والحركة لعمل وتحمّل مسؤولياتي.

عاجلا ودون انتظار. ما أفعله هو لا-إيتيقي بقدر ما هـو إيتيقي. أشكّك في الاستحالة كاحتمال للإتيقا: الضيافة غير المشروطة مستحيلة، في مجـال القـانون أو السياسة، وحتى الإتيقا بالمعنى الضيق. ومع ذلك، فالمستحيل هـو مـا يجب القيام به؛ إذا كان الصّفح ممكنا، فعليه أن يصفح عمّا يتعذر عن الصفح، أي فعـل المستحيل. إن القيام بالمستحيل لا يمكن أن يكون إتيقا، ومـع ذلك فهـو شـرط من شروطها. أحاول التفكير بإمكانية المستحيل.

تقولون "إمكانية المستحيل". هذه أيضًا الطريقة التي تُعرّف بها التفكيك. الآن، لا يسع المرء إلا أن يفكّر، عنـد قـراءة هـذا، في الهجمـات الإرهابيـة على الولايـات المتحدة في سبتمبر 2001. في كتاب سيتم نشره، مفهـوم 11 سبتمبر، تكتب أن ما حدث يهدد الجميع مرة واحدة "نظام التأويل، والبـديهيات، والمنطـق، والبلاغـة، والمفاهيم والتقييمات التي من المفترض أن تجعل من الممكن فهم وشرح شيء مثـل "9/11" بدقة. نريد أن نعـود إليكـم، هـذا فيمـا يتعلـق، بأحـد الأسئلة التي تطرحونها: "هل نكسر طبلة أذن الفيلسوف ويستمر في سماعنا؟"

جاك دريدا: ربما أرغب في تفجير طبلة أذن الفلاسفة دون أن تنفجر الفلسفة في كل ذلك. ما يهمني يجب أن يُسمع من مكان فلسفي. لكن دعنا نترك ذلك. للرجوع

إلى السؤال الملموس الذي تطرحه، أعتقد أن المفاهيم التي تم التلاعب بها، والتي كانت مفيدة في تأويل "11 سبتمبر"، هي بالفعل مفاهيم تخضع الآن لتفكيك جذري. ليس تفكيكًا نظريًا أو تفكيكًا عمليًا. إنه قيد التقدم، كما أقول في كثير من الأحيان "ما يحدث/ ما يأتي": ذريعة الحرب على الإرهاب لا تصمد، لأن مفاهيم الحرب والإرهاب لم تعد قائمة. وقد أشار إلى ذلك الأمين العام للأمم المتحدة كوفي عنان خلال جلسة واحدة: ليس لدينا تعريف صارم للإرهاب الدولي. وينطوي مفهوم الحرب، في القانون الأوروبي القديم، على صورة الدولة للأعداء وإعلان الحرب من لدن دولة على أخرى. وليس هذا ما هو الحال عليه. لا حرب دولية ولا حرب أهلية. حتى مفهوم "حرب العصابات" الذي اقترحه كارل شميت يفتقر إلى الأهمية. "الإرهابيون" من نوع القاعدة لا يمثلون دولة (فعلية أو افتراضية)، ولا إرادة لتأسيس دولة أو استعادتها. فيما حدث يوم 11 سبتمبر، لا يوجد شيء من هذا القبيل. كل الأجهزة المفاهيمية التي نستخدمها لم تعد تعمل عادة.

لا حرب ولا إرهاب كما قلنا. لكن المعارضات المفاهيمية مثل الوطني / الدولي، والمدني/ العسكري لا تعمل أيضًا. كل هذا يحتاج إلى إعادة تشكيل. وليس لدي ظنون، أنها ستكون طويلة وتدريجية، مع تفاوتات واسعة في التنمية، كما اعتدنا أن نقول في البلاغة الماركسية. نهاية الدولة، زوال الرغبات في السيادة ليس ليوم غدٍ، لكنه يؤثر على عالمنا. ما لا يمكن التنبؤ به، كما هو الحال دائمًا، هو الزمن، أو بالأحرى إيقاع هذه الطفرات الحتمية.

الولايات المتحدة هي مرفأ رحّب بكم كثيرًا. هل هناك أسباب محددة لهذا؟

جاك دريدا: لقد سافرت كثيرًا، وربما أكثر بكثير، ليس فقط إلى الولايات المتحدة. أود التحرر من هذه الصورة "الأمريكية"، فهي لا تتوافق مع الواقع فقط لرغبات أو مصالح القلة. يجب أن نتحدث أيضًا عن جميع القارات وجميع دول أوروبا. السنة الأولى التي قضيتها في الولايات المتحدة، 1955–1956،

كانت طارئة: تحصلت على منحة بفضل مدير المدرسة العليا للذهاب إلى هارفارد. ثم عدت إلى الولايات المتحدة بعد عشر سنوات، بدعوة من رينيه جيرار لحضور ندوة. المحاضرة التي ألقيتها آنذاك، كانت حول نقد البنيوية، وكان لها وقع القنبلة. لقد لامسنا هناك، عن خطأ أو صواب، أول إشارة لما يسميه الأمريكيون منذ ذلك الحين ما بعد البنيوية. دعيت مرة أخرى، ثلاث مرات متتالية، في ثلاث سنوات على حدة. وأخيرًا، طلبت مني جامعة ييل، ثم جامعة إرفين في كاليفورنيا ونيويورك، إلقاء حلقات دراسية لمدة أسابيع قليلة ولمرة واحدة في السنة. لم أقض أبدًا إقامات طويلة في الولايات المتحدة، ولا أقضي معظم وقتي هناك. بعد قولي هذا، كان استقبال عملي في الولايات المتحدة بالفعل أكثر سخاءً وأكثر انتباهًا، كما هو الحال في أي مكان آخر، واجهت رقابة أقلّ وحواجز وصراعات أخفّ حدة مقارنة بفرنسا.

حتى لو كان التفكيك موضوع معارك ضارية في الولايات المتحدة، لكن النقاش كان أكثر انفتاحًا من نظيره في فرنسا، وهو ما ترك لي مساحة أكبر. أخيرًا، بفضل أو بسبب تاريخ الجامعة الأمريكية، غالبًا ما كنا نعمل هناك بشكل جيد وسريع جدًا. على أي حال ضمن الدوائر الأكثر ألفة بالنسبة لي.

بلد آخر ميز وجودكم: الجزائر. لقد ولدتم وترعرعتم هناك. منذ مغادرتكم مدينة الجزائر عام 1949، مرت هذه البلاد بأزمات اجتماعية وسياسية متعددة. ما هي علاقتكم اليوم بهذه الأرض الأولى؟

جاك دريدا: توضيح أولي للحكاية وبدقة: لم أفارق ضاحيتي "الأبيار" في الجزائر العاصمة إلى أن بلغت التاسع عشر من عمري. لم أكن أعرف "العاصمة/الميتروبول" على الإطلاق. الحكاية الأخرى: في أعقاب عام 1996، خصّص برلمان الكُتاب إحدى جلساته للجزائر، وهو البرلمان الذي شاركت في تأسيسه وشغلت نائب الرئيس في ستراسبورغ. قبل ساعة من المناظرات، كان

123

المتحدثون مجتمعين في غرفة المعيشة. إلى جانبي، شابة جزائرية. تسألني: "هل عشت في الجزائر شارع أوريل دو بالادين؟ (rue d'Aurelles-de-Palladine) – نعـم. "في 13؟" – نعـم. "أنـا أيضـا." تقدم نفسها واكتشفت أنها ابنة الجزائريين اللذين ترك لهما والدي شقته عندما اضطروا لمغادرة الجزائر. منذ ذلك الحين، اضطرت هي أيضًا إلى مغادرة الجزائر، بسبب وضعها المزدوج كامرأة ومثقفة. هذه الشابة الجزائرية نشأت في المنزل الذي ترعرعت فيه، وقد حضرت هذه الجلسـة لبرلمـان الكتـاب لتشـهد علـى الـدراما الجزائريـة، واغتيـال المثقفين، والتعصب الإسلامي الذي عصف بالبلد. أعيش اليوم في هذا التناقض المؤلم: المحاكمة الجزائرية – مع المعاناة والنوستالجيا التي تنطوي عليه (أسمي هذا حنيني الجزائـري (ma nostalgérie)) – أعـيش في فرنسـا، وهـي أيضًا بلـدي، أراقب، من هنا، التاريخ المؤلم لـ الجزائر المستقلة.

أثنـاء دروسـكم الإعداديـة في بـاريس لـوي لـوجران Louis-le-Grand، انصبّ إعجابكم الأول بسارتر وبرغسون. ومع ذلك، فقد أخذتكم حياتكم المهنية بعيدًا عن هذين الفيلسوفين. كيف تنظرون إليهما اليوم؟

جاك دريدا: صحيح أن برغسون كان بالنسبة لي مـذهلاً، وكمـا هـو الحـال بالنسبة لجميع أبناء جيلي، كان سارتر شخصية عظيمة وفيلسوفًا وكاتبًا ملتزمًا. كيف أنظر إلى هذه الإعجابات الماضوية؟ أنا لا أنكرهما. إذا كان لدي الوقت والحرية، أود أن أقرأ هذين المفكرين مرة أخرى، وألقي دروسا عنهما. لكن، بينما أشيد بهمـا – أحـاول، حتى في تحليلاتي التفكيكية، أن أشير إلى شغفي بالنصوص – لـم أكـن لأفعـل ذلـك دون إعـادة ترسيخها في أصالتها وضمن حدودها، تلك الخاصة بالتقاليد الفلسفية والمؤسسية الفرنسية. مع برغسون وسارتر، هنـاك طـرق عمـل وتفكيـر وكتابة لـم نجـدها في الألمانيـة ولا في الإنجليزية، وهي غريبة تمامًا عن الغريب.

ثم كان هناك، من بين أصدقائكم، فلاسفة وكتاب على قدر من الأهمية: ألتوسير ولفيناس وبلانشـو، وكـذلك جيـل دلـوز وجـان فرانسـوا ليوتـار. لكـن الصـداقة تتطلب الحوار. هل يمكنكم قراءة عملكم على أنه حوار مع هؤلاء الأصدقاء؟

جاك دريدا: نعم. لكن وجود حوار – وهي كلمـة لا أثقفهـا كثيـرًا – لا يعنـي أن الكتب، الواحدة تلو الأخرى هـي إجابـات أو أسـئلة لهـؤلاء المفكرين. في الحقيقة هناك معالجة أكثر من الحوار. تم توجيه بعض نصوصي بشكل خاص إلى هـؤلاء الأصدقاء، ولكـن دون أن تصبـح غيـر مقـروءة للآخريـن، مـع كتبي عـن بلانشـو أو لفينـاس. وبالمثـل، لا أسـتطيع شـرح **أطيـاف مـاركس** دون تسـليط الضـوء عليـه، يستخرج التاريخ الكامل لعلاقاتي مع ألتوسير، أي ليس فقط مع ألتوسير، ولكـن مـع الذين كانوا قادرين على الإحاطة به أثناء قيامنا بالتدريس في مدرسة المعلمين العليا. في اللحظة الألتوسيرية في حقبة ما، في ما تم فعله بعد ذلك معه، من حوله، من: **قراءة رأس المال لأجل ماركس**، أعمال لم أرض عنها دائمًا دون أن أكـون معاديا لهـا. الشـيء نفسه بالنسبة لدلوز. شعرت بأنني قريب جدًا من أطروحاته، لكنني لـم أكـن لأكتبهـا مثله أبدًا: لقد تقدمنا وكتبنا بطريقة مختلفة. وتأثرت كثيرًا بعمله عن نيتشه على سبيل المثال، لكنني لم أستطع متابعة **أوديب مضادًا** كما أنني أختلف مع ما قاله عـن آرتـو، رغم أنني أشاركه اهتمامه به. علاوة على ذلك، أطلعته أن علاقاتنا الشخصية كانت دائمًا ودية للغاية، كما هو الحال مع ليوتار؛ حيث يُسجّل النوع نفسه مـن التقـارب. كل هذا معقد للغاية، وسيطلب الأمر عدة أعداد من **الإنسانية** لشرحها.

اشتهرت إحدى أقوالكم المأثورة: "لا يوجد شيء خارج النص". إذا كان كل شيء نصًّا، فكل شيء يتأثر بطريقة التفكيك. ألا يتعارض هذا مع التنوع في أنساق فهم العالم التي يبرزها تطور العلم؟

جاك دريدا: منذ ما يقرب أربعة عقود بـدأت التفكير في الكتابة والنص. ما كان يهمني في البداية هو الكتابة الأدبية، على الرغم من أنني أصبحت "فيلسوفًا"

من حيث المهنة. تساءلت ما هي الكتابة؟ ماذا يحدث عندما نكتب؟ للإجابة عن ذلك، كان علي توسيع مفهوم النص ومحاولة تبرير هذا التوسع. لا تعني عبارة "لا يوجد شيء خارج النص" أن كل شيء عبارة عن ورق، ومشبع بالكتابة، ولكن كل تجربة تُهيْكل شبكة من الآثار التي تشير إلى شيء آخر غير نفسها. بمعنى آخر، لا يوجد حاضر لا يتكون دون الرجوع إلى زمن آخر، أو حاضر آخر. الأثر–الحاضر هو أثر مضاعف يَقتفي ويُقتفى. لقد وسّعت مفهوم الأثر ليشمل الصوت نفسه، مع فكرة إعادة النظر فيه داخل الفلسفة منذ العصور اليونانية القديمة، كما أولي اهتماما بالكتابة على حساب الكلام (مركزية اللوغوس) وحضور الصّوت الحي (مركزية الصوت). بعد قولي هذا، وعلى الرغم من ضرورة النقد، فإن التفكيك ليس نقدًا أو حكمًا تقييميًا ولا عملية تنحية. هو أكثر من طريقة أو منهج، إن جاز توظيف مفردتكم. تفترض فكرة "الطريقة" مجموعة من الإجراءات المنظمة، قبل تجربة القراءة أو التأويل أو التدريس، بالإضافة إلى إتقان معين. إذا اكتشف البعض تكرارًا معينًا – فهذا ما تشير إليه طريقة الكلمات، أليس كذلك؟ إن الدوافع التفكيكية أو التفكيك ليس طريقة أو منهجا. ليس "نقدا" ولا "منهجا"، ويمر أيضًا عبر التاريخ أو جينيالوجيا أفكار "النقد" أو "الطريقة"، يسمح التفكيك بتأويلات القراءة والكتابة وتحويل النص العام، وهي كلها أحداث. إنهم يصنعون أشياء جديدة، مما يثير الدهشة لمن يختبرها. لا يوجد إتقان للتفكيك، ببساطة هو مواجهة "شيء آخر"، في كل مرة يملي عليك شخص آخر قانونَ القراءةِ الفردي، الذي يأمرك بالتنازل عن المسؤولية، للإجابة عن قراءتك. ومع ذلك، إذا لم يفلت شيء من النص، فلن يتم تجميع هذا النص.

بسبب بنية الآثار نفسها التي تتكون منها، والتي تنفتح على شيء آخر غير نفسها، لا يمكن إغلاق الكلية. هذا يستثني التجميع والإغلاق واكتمالية النص، وبالتالي قيمة النظام. التفكيك ليس نظامًا، أكثر من كونه فلسفة: إنه يشكك في

المبدأ الفلسفي. إنه مغامرة فردية تعتمد حركتها في كل مرة على الموقف والسياق والسياسي على وجه الخصوص، والذات وجذورها في مكان وزمان ما، والتي تسمح لها بالتوقيع على المبادرة التفكيكية بطريقة ما.

الزمن في نهاية المطاف هو جوهر تفكيركم، لكنكم لا تقدّمون فلسفة للزمن. نفضل أن يكون لدينا انطباع بالتعامل مع فلسفة الحدث. سيلعب الموت بعد ذلك دور المفهوم المحوري، مما يسمح لكم بالتعبير بدقة عن الزمن والحدث؟

جاك دريدا: أنت محق، لا توجد فلسفة للزمن فيما كتبته. لكن لا توجد فلسفة للحدث البتة، ولا للموت. لا توجد فلسفة لأي شيء. في الواقع، بدأت بالعمل على التراث الفلسفي فيما يتعلق بالزمن – كانط وهوسرل وهايدجر قبل كل شيء – وامتياز الحاضر في فكر الزمن. تخبرنا الفطرة السليمة أن كل شيء موجود في الحاضر: يتم الإعلان عن الماضي والمستقبل بعبارات هي دائمًا خاصة بالحاضر، والحاضر الحي. هذا هو الوضوح الذي حاولت أن أعقّده قليلاً. بقيت مسألة الزمن هذه في العمل أو في كل عملي. ومع ذلك، فإن ما تقوله عن الاهتمام المميز بالحدث صحيح. أصبحت مُصرّا عليه أكثر فأكثر. الحدث كما يأتي منفردا بشكل غير متوقع، ليس فقط "ما" يأتي، ولكن "من" يأتي، الآتي. السؤال "ماذا تفعل بـ (ما) يأتي؟" يأمر بفكر الضيافة والهبة والتسامح والسِّر والشهادة. تم التأكيد على الرهانات السياسية لهذه التأملات. كل هذا يتعلق بـ "(ما) يأتي"، هو الحدث غير المتوقع. نظرًا لوقوع حدث متوقع بالفعل، لم يعد حدثًا. ما يهمني في هذا الحدث تفرّده؛ فهو يحدث مرة واحدة فقط. لذلك فإن الحدث فريد من نوعه ولا يمكن التنبؤ به، أي بلا أفق. لذلك فإن الموت هو الحدث بامتياز: لا يمكن التنبؤ به حتى عندما يكون متوقّعًا، فهو يحدث ولا يحدث منذ حدوثه، ولا يمكن التنبؤ به، ولم يعد يحدث لأي شخص. ومن هنا تنامى اهتمامي بنص بلانشو عن الموت باعتباره مستحيلاً. الموت، بكل بساطة،

هو الموضوع الأكثر استمرارًا في كل ما كتبته، قبل وقت طويل في **نواقيس** (جاليلي 1974) أو **الإماتة** (جاليلي، 1999)، كل شيء يبدأ بفكرة الموت وكل شيء يعود إليها. يمكنني أن أعطي مثالاً: ثلاثة أنواع من التأملات التي تمسّ فكرة الموت هذه. السمة الإيصائية للكتابة (**في الغراماتولجيا**، مينوي، 1967). عندما أكتب، أعلم جيدًا أن ما أكتبه يمكنه أن يخلصني أو يبقيني على قيد الحياة، وأن ما هو في أصل الأثر يمكن أن يختفي دون أن يختفي الأثر، إن بنيتها كذلك، وهي البنية التي أسميتها الإيصائية أي من الوصية؛ والطيفية أيضًا، التي لا تنفصل عن مفهوم الأثر – الذي وجد انعكاسه بداخلي قبل فترة طويلة من **أطياف ماركس**: الأثر ليس حيًّا ولا ميّتا. ما أربطه أخيرًا بالمسألة الكبرى المتعلقة بعقوبة الإعدام (أودّ التأكيد هنا على أسباب سياسية) – التي كرست لها ندوة منذ عدة سنوات وأردفتها بالتفاتات مشدّدة، خاصة فيما يتعلق بـ "قضية" موميا أبو جمال، الذي أعددت عنه أحد الكتب (مباشرة من طابور الإعدام، لا ديكوفيرت، 1999). بدا لي تاريخ عقوبة الإعدام حاسمًا في حد ذاته، وفي الوقت نفسه كان بمثابة خيط إرشادي رائع للتفكير في الدولة والسيادة والسلطة.

العدالة أو ما لا يقبل التّفكيك [1]

يأتي هذا الحوار تزامنًا مع حلول الذكرى العاشرة لرحيل جاك دريدا، التقينا صديقه، الفيلسوف جون-لوك نانسي. لقاء على أبواب ليكول نورمال سوبيريور (ENS)، في شارع أولم، أين عُقد مؤتمر مهمّ حول فكره.

س: نشرت إصدارات غاليلي كتاب جاك دريدا آخر اليهود (Le dernier de juifs)، الذي قدّمت له. ماذا يمكننا أن نتعلّم من جديد؟

ج.ل.نانسي: قام دريدا بأشكلة يهوديته وانتمائه، ليس فقط لليهودية؛ لأنه لم يكن متديّنا، ولكن للواقع اليهودي أيضا ولكلّ ثقافة يهودية، لا ينبغي الإشارة للانتماء والتّحديد. في الوقت نفسه، لم يكن منفصلاً تماما عن أحفاد أجيال متعدّدة. وهو مهمّ جدا بالنسبة له. أولا، لأن ذلك يتّخذ منزلة من الإطار العامّ لتفكيره: أي **الخلع** في علاقته بكل تحديد هوياتي [2]. لا يبقى شيء لتحديده، بمعنى آخر ليس فقط التّحديد لشخص ما، لذات، ولكن لا ندع تحديد المفاهيم أو التصورات فقط. فعمله الفلسفي توقّف عند رؤية كيفية تحريكنا للتصورات وكيف نَحُول دون تصلّبها وتجميدها.

---

(1) أجرى هذا الحوار بيير شيلان مع الفيلسوف الفرنسي جون لوك نانسي، ونشر في مجلة "الإنسانية L'Humanité" يوم 08 أكتوبر 2014. يُنظر الرابط الإلكتروني:
http://www.humanite.fr/pour-derrida-penseur-de-la-deconstruction-lindeconstructible-cest-la-justice-554035

(2) ويُقصد بها خلع الجنسية أو الهوية من المواطنين اليهود في الجزائر إبّان حكومة فيتشي. وقد ترك هذا الخلع آثارا وجراحا في الهوية عند جاك دريدا.

س: احتفظنا من فكره على التفكيك. ولكن عمله، خاصة ما كان حول الغيرية، ألا يشهد على ما يتعذّر تفكيكه؟

ج.ل.نانسي: طبعا، الكلمة التي يسمها بـ "ما يتعذّر تفكيكه" أو غير القابل للتفكيك (l'indéconstructible)، هي العدالة. على الرغم من أن العدالة غير معرّفة أو محدّدة. وهو ما يجعل الجميع أو كل واحد يأخذ ما يستحقه. ولكن كما لا يمكننا تحديد "الكل-الواحد"، تصبح العدالة مهمة لانهائية. هذه المهمة حتى لو كانت لانهائية، وتبدو مستحيلة، يجب أن تظلّ مع ذلك المبدأ التنظيمي.

س: ينخرط دريدا في أعمال هيدجر لمعارضته من جانب شيوعي وتحريري.. فهو يرفض التفكيك الشامل الذي يؤدّي إلى "العرق السيد" والأرستقراطية. هل توافقونه الرأي؟

ج.ل.نانسي: نعم، يمكن قول ذلك. هايدجر، حين تعهّد بالتّخلص من الذات، وهو ما فتح الطريق أمام عديد من المفكرين أمثال: دريدا وليفيناس وسارتر.. ظلّ داخل فكر تاريخي إغريقيّ المصدر ومصيري التّصور. لكن دريدا رفض هذه المصيرية. وقد فتّق لنا (من صوب آخر) المصير المرجأ: يتجه في كلّ مكان، ولكن لا يلوي على وجهة محدّدة. يرفض دريدا التحديد، فهو ينتمي إلى جيل الانشقاق والانقطاع عن التاريخ، بمعنى التاريخ كمحدّد لآتٍ متوقّع أو يمكن الإعلان عنه. هذا الانقطاع عند دريدا هو مبلوَر، خصوصاً عبر نشر صيدلية أفلاطون. حيث يوجد دوما تاريخ، لكن يظلّ المصدر باستمرار يحوم حول إعادة إنجاز وإعادة تأويل، ولا يوجد هدف محدد مقدّماً.

س: في نهاية حياته، كتب دريدا نصوصاً إتيقية وأشباح ماركس. هل يعدّ النطاق السياسي لفكره سمة بارزة؟

ج.ل.نانسني: فكّك دريدا ماركس وقراءته للقيمة، ولكن في الوقت نفسه، أراد أن يُبقي على قوة نداء أو استدعاء ماركس. وهذا يمرّ عبر إصلاح فكرة

القيمة. لكن التخلص من ضربة ماركس خلال الفلسفة لـم يكن متاحا وممكنا، لأنه طرح سؤال الملكية. راهن على النطاق السياسي لفكره، حين وضع دريدا – ما نطلق عليه السياسي – موضع مساءلة. قال إن مفهوم السياسي يظل مربكا ومشوّشا بشكل كاف. هناك خطر في أخذ السياسي بمعنى تيولوجي تقريبا. طبعا، السياسة، هي الثورة أو قد تكون كذلك. ولكن إن كان ذلك صحيحا، أي ليست هناك ثورة، فربما هناك شيء أكثر تعقيدا منها. يمكننا التفكير اليوم في الرأسمالية وهـي قيـد التفكّـك. فنحن دخلنـا في وعـي ذي طـابع شـيطاني علـى الإطـلاق، ومخيـف، إذ تصبح كـل قيمـة عـبره بمثابـة المعادلـة العامـة التي يتحدّث عنهـا ماركس، مع جنون كل ما نراه يتطور بدءاً من الأزمة الاقتصادية. هذا لا يمكـن أن يستمرّ. وجدتُ طريقة للتفكير مثل دريدا، لتكـون هناك في الآتي–القادم، الـذي وجب ألاّ نتكهّنه أو نعتزمه. وهذا لا يعني أننا لا نقوم باختيارات. أم هل الثورة يمكنها أن تصل؟ لكن ما هي؟ وجب في هذه الحالة طلب مـا يعنيه السياسي في عالمٍ حيث الديموقراطية الممثلة في شكل من أشكال الفشل تبدو مذعنة لقوانين الرأسمالية، وهذا ما يجبرنا على العودة إلى الأشكال اللاسياسية للديمقراطيـة. وهذا ما يمكن استعادته انطلاقا من فكرة العدالة.

جاك دريدا
أنا في حرب مع نفسي ⁽¹⁾

في الرابعة والسبعين من عمره، يواصل جاك دريدا، الفيلسوف المشهور عالميًا، طريقه الفكري بكثافة فريدة مواجهًا المرض. في منزله في ريس أورانجيس Ris-Orangis ، في ضواحي باريس، يستحضر عمله لـ "Le Monde" ويخطّ سير رحلته وأثره.

منذ صيف 2003، لم تعد تخلّف أثرا أمام الملأ كما كُنتَ في السّابق. ولم تؤلف عديدا من الأعمال الجديدة فحسب، بل سافرت أيضًا حول العالم للمشاركة في عدة مؤتمرات دولية منظَّمة حول عملك – من لندن إلى كويمبرا عبورا بباريس، وفي هذه الأيام ريو دي جانيرو. كما سيخصَّص لك فيلم ثان (دريدا، من إخراج إيمي كوفمان وكيربي ديك، بعد فيلم D'ailleurs Derrida الجميل جدًا من إخراج صفاء فتحي عام 2000) إضافة إلى غمرة من الأعداد الخاصة لمجلات، لا سيما **المجلة الأدبية** و**مجلة أوروبا**، إلى جانب مجلد من Cahiers de l'Herne الغني بشكل خاص بالأعمال غير المنشورة، التي من المتوقَّع نشرها في الخريف. هذا كثير في عام واحد، ومع ذلك، ما تخفيه، أنكم...

جاك دريدا:... بإمكانك قولها، مريض بشكل خطير، هذا صحيح، وأمرّ بفترة تلقي علاج هائل. لكن لنترك هذا جانبا، إذا كنت لا تمانع، فنحن هنا لسنا بصدد تقرير صحّي – عامّ أو سري...

---

(1)   حوار مع جان بيرنباوم. يوم 19/ 08/ 200، وهو آخر حوار له.

133

ج.ب: على عتبة هذه المقابلة، دعنا نسترجع كتاب أطياف ماركس بالأحرى، عن منشورات غاليلي سنة 1993، عمل حاسم، كتاب بمثابة خطوة، مكرّس لمسألة العدالة المقبلة بشكل كامل، والذي تستهلّه بهذا الاستثناء الغامض: "شخص ما، أنت أو أنا، يتقدم إلى الأمام قائلا: أود أن أتعلم كيف أعيش أخيرًا." اليوم وبعد مضي أكثر من عشر سنوات، أين أنت من هذه الرغبة في "معرفة كيفية العيش"؟

جاك دريدا: إنها قبل كل شيء مسألة "نظام دولي جديد"، وهو العنوان الفرعي والموضوع المركزي في الكتاب. بعيدًا عن "المواطنية الكونية"، بعيدًا عن "مواطن كوني" كدولة قومية عالمية جديدة، يتنبأ هذا الكتاب بجميع حالات الطوارئ "للعولمة البديلة" التي أؤمن بها والتي تبدو أفضل الآن. ما أسميته بعد ذلك بـ "الأممية الجديدة" سيفرض علينا، كما قلت في عام 1993، عددًا كبيرًا من التغييرات في القانون الدولي والمنظمات التي تسهر على تنظيمه (صندوق النقد الدولي، منظمة التجارة العالمية، مجموعة الثماني، إلخ). قبل كل شيء يجب تغيير ميثاق الأمم المتحدة على الأقل وتكوينها ومكان إقامتها بعيدا عن نيويورك قدر الإمكان...

أما بالنسبة للصياغة التي اقتبستَها ("تعلم العيش أخيرًا")، فقد اهتديت إليها بمجرد الانتهاء من الكتاب. إنها تلعب أولاً، ولكن بجدية، بدلالتها اليومية لهذه العبارة الشائعة. أن تتعلم كيف تعيش، أن تنضج، وأن تعلَّم أيضًا. إن مخاطبة شخص ما لتقول له "سأعلّمك العيش" تعني، أحيانًا بنبرة تهديد، سأقوم بتكوينك، بل وحتى سأدرّبك وسأهذّبك. ثم، والغموض الذي يكتنف هذه اللعبة هو الأهم بالنسبة لي، وهذا التنهد يفتح أيضًا سؤالا أكثر صعوبة: هل يمكن تعلم العيش؟ تعليمه؟ هل يمكننا أن نتعلم، عن طريق الانضباط أو الاكتساب، عن طريق الخبرة أو التجريب، أن نقبل الحياة بشكل أفضل ونؤكدها؟ في جميع أنحاء الكتاب يتردّد صدى هذا القلق من الميراث والموت.

كما أنه يعذب الآباء وأبناءهم: متى تصبح مسؤولًا؟ كيف ستجيب في النهاية وتحمل وزر المسؤولية عن حياتك واسمك؟

لذا، علي الإجابة إذًا ودون مزيد من الالتفافات حول سؤالك. لا، لم أتعلّم العيش مطلقًا. ولكن بعد ذلك، لا على الإطلاق! يجب أن يعني تعلّم الحياة تعلّم الموت، أن تأخذ بعين الاعتبار، من أجل قبولها، الميتة المطلقة (بدون خلاص أو قيامة أو افتداء) – لا للذات ولا للآخر. منذ أفلاطون، كانت الوصية الفلسفية القديمة: التفلسف هو تعلّم الموت.

أنا أؤمن بهذه الحقيقة "**الموت**"، دون الاستسلام لها، لم أتعلم قبولها أدنى فأدنى أو يوما بعد يوم. نحن جميعًا ناجون مؤقتا في الزمن الضائع (ومن وجهة النظر الجيوسياسية لأطياف ماركس، فإن التركيز يتجه قبل كل شيء، في عالم أكثر انعدامًا للمساواة من أي وقت مضى، نحو مليارات الكائنات الحية – بشرًا أو لا – الذين تم حرمانهم، من "حقوق الإنسان" الأساسية، التي يعود تاريخها إلى قرنين من الزمان والتي يتم إثراؤها باستمرار، ولكن أولاً وقبل كل شيء حرمانهم من الحق في حياة تستحق العيش). لكني ما زلت غير متعلّم فيما يتعلق بالحكمة في معرفة كيفية -يتوجّب -الموت. ما زلت لم أتعلم أو لم أكتسب أي شيء عنها. يتقلص الزمن الضائع أو زمن الإرجاء بشكل متسارع. ليس فقط لأنني، بمعية الآخرين، وريث لأشياء كثيرة، جيدة أو فظيعة: في كثير من الأحيان، معظم المفكرين الذين وجدت نفسي مرتبطًا بهم قد ماتوا، أُعامَل بوصفي أحد الناجين: الممثل النهائي تقريبًا لهذا الجيل "جيل" الستينيات؛ الذي يلهمني، دون أن أكون صادقًا تمامًا، ليس فقط بالاعتراضات ولكن أيضًا بمشاعر التمرد الميالة إلى الكآبة والسوداوية إلى حد ما. علاوة على ذلك، أصبحت بعض المشكلات الصحية ملحة، فإن مسألة البقاء على قيد الحياة أو الإرجاء التي لطالما طاردتني، حرفيًا، في **كل لحظة** من حياتي، بطريقة ملموسة ودؤوبة، تأخذ لونًا مختلفًا اليوم.

لطالما كنت مهتمًا بموضوع البقاء، هذا الذي لا يضاف معناه إلى الحياة والموت. إنه أصلاني: الحياة هي البقاء. البقاء على قيد الحياة بالمعنى العادي يعني الاستمرار في الحياة، ولكن أيضًا العيش بعد الموت. فيما يتعلق بموضوع الترجمة، يؤكد والتر بنيامين على التمييز بين überleben من ناحية، البقاء على قيد الحياة / بعد / الموت، حيث يمكن للكتاب أن ينجو بعد وفاة صاحبه، أو الطفل بعد وفاة والديه، ومن ناحية أخرى، fortleben، العيش على... الاستمرار في العيش. كل المفاهيم التي ساعدتني على العمل، ولا سيما تلك المتعلقة بالأثر أو الشبحي، كانت مرتبطة بـ "البقاء" كبعد بنيوي، لا تنبع من الحياة ولا من الموت، ليست أكثر مما أسميه "الحداد الأصلي". وهو ما لا ينتظر الموت "الفعال" والفعلي كما يطلق عليه.

ج.ب: لقد وظّفتم كلمة "جيل". المفهوم الذي يظهر غالبًا بقلمك: كيف تحدّد ما ينتقل باسمك من جيل واحد؟

دريدا: هذه الكلمة، أوظفها هنا بطريقة فضفاضة إلى حد ما. يمكن للمرء أن يكون قد "عفا عنه الزمن" معاصرا "لجيل" الماضي أو المستقبل معا. أن أكون مخلصًا لأولئك المرتبطين بـ "جيلي"، وأصبح وصيًا على إرث مختلف ولكنه مشترك، فهذا يعني شيئين: أولاً، الالتزام، ربما ضد كل شيء وضد الجميع، بالمطالب المشتركة، من لاكان إلى ألتوسير، عبر ليفيناس، فوكو، بارت، دلوز، بلانشو، ليوتار، سارة كوفمان، إلخ؛ دون ذكر أسماء كثير من المفكرين أو الكتاب أو الشعراء أو الفلاسفة أو المحللين النفسيين، الذين لا زالوا على قيد الحياة لحسن الحظ، الذين ورثت عنهم أيضًا وعن آخرين في الخارج وهم أكثر عددًا دون شك وأحيانًا أكثر قربا.

وبالتالي، فإنني أحدّد، عبر الكناية، إيتوسا للكتابة والفكر العفيف (intransigeant)، دون أي تنازل حتى فيما يتعلق بالفلسفة، التي لا تسمح لنفسها بالخوف من هذا الرأي العام، وسائل الإعلام أو مخيال القراء المريعين، قد

يجبرنا على التبسيط أو القمع. ومن هنا كان النزوع الشديد للتمحيص والمفارقة التناقضية والأبوريا.

يظلّ هذا الميل مطلبا فيه الالتزام أيضًا. إنه يجمع ليس فقط أولئك الذين أشرت إليهم بشكل تعسفي إلى حد ما، أي بشكل غير عادل، ولكن المحيط الذي دعمهم في مجمله. لقد كان نوعًا من حقبة ماضية مؤقتة، وليس فقط عن فلان أو علان. لذلك يجب علينا حفظ هذه الحقبة أو إحياؤها بأي ثمن. والمسؤولية اليوم ملحة: فهي تدعو إلى حرب على **الدوكسا** لا هوادة فيها، على أولئك الذين يطلَق عليهم الآن "المثقفون الإعلاميون"، على هذا الخطاب العام الذي تصوغه القوى الإعلامية، وهم أنفسهم في أيدي اللوبيات السياسية – الاقتصادية والأكاديمية التحريرية في كثير من الأحيان أيضًا، وهي أوروبية وعالمية بالطبع. لا تعني المقاومة تجنب الإعلام. من الضروري تطويرها ومساعدتها على التنوّع، عند الإمكان، وتذكيرها بهذه المسؤولية نفسها.

في الوقت نفسه، لا تنس أنه في هذا الزمن "السعيد" من الماضي القريب، لم يكن هناك شيء غريب بالطبع. احتدمت الخلافات والاختلافات في هذه البيئة التي لم تكن إلا كلا متجانسا، مثل ما يمكن للمرء أن يجمعه معًا، على سبيل المثال، في تسمية سمجة من نوع "فكر 68" الذي غالبًا ما تهيمن كلمة النظام أو مسؤوليته على الصحافة والجامعة اليوم. لكن حتى لو كانت هذه الأمانة لا تزال تتخذ شكل الجحود والانحراف أحيانًا، يجب أن نكون مخلصين لهذه الاختلافات، أي مواصلة النقاش. بالنسبة لي شخصيا، ما زلت أناقش بورديو، لاكان، دولوز، فوكو، على سبيل المثال، الذين ما زالوا يثيرون اهتمامي أكثر من أولئك الذين تنتشر حولهم الصحافة اليوم (مع بعض الاستثناءات بالطبع). أحافظ على هذا الجدل حيًا، لذا فهو لا يتلاشى أو يتحول إلى تقريعات.

ما قلته عن جيلي ينطبق بالطبع على الماضي، من الكتاب المقدس إلى أفلاطون، وكانط وماركس، وفرويد وهايدغر، إلخ. لا أريد أن أتخلى عن أي

شيء، لا يمكنني ذلك. تعلمون أن تعلم العيش هو دائمًا شأن نرجسي: أنت تريد أن تعيش قدر المستطاع، وأن تنقذ نفسك، وتثابر، وتزرع كل تلك الأشياء التي هي أعظم وأقوى منك بلا حدود، ومع ذلك فهي جزء من هذا "الأنا" الصغير. إنها تفيض من جميع الجوانب. إن مطالبي بالتخلي عما شكّلني، وما أحببته كثيرًا، يطلب مني أن أموت وأفنى.

في هذا الإخلاص، هناك نوع من غريزة الحفاظ على الذات. التخلي، على سبيل المثال، عن صعوبة الصياغة، التجعد، التناقض، التناقض الإضافي، لأنه لن يفهم، أو بالأحرى لأن الصحفي الذي لا يعرف كيف يقرأه، لا يقرأ حتى عنوان الكتاب، يظن أن القارئ أو المستمع لن يفهم أكثر أو سيعاني من مصدر رزقه، وهذا بالنسبة لي فحش غير مقبول. إنه مثل أن يُطلب منك الركوع أو الاستعباد – أو الموت من الغباء.

ج.ب: لقد ابتكرت شكلاً للكتابة، كتابة للبقاء، تناسب نفاد الصبر هذا. كتابة الوعد الموروث، عن الأثر المحفوظ والمسؤولية المؤتَمن عليها..

جاك دريدا: لو كنت قد ابتكرت كتابتي، لفعلت ذلك مثل ثورة لا نهاية لها. في كل حالة، من الضروري خلق طريقة مناسبة للكشف، لابتكار قانون الحدث الفردي، لمراعاة المتلقي المفترض أو المرغوب فيه؛ وفي الوقت نفسه يدعي أن هذه الكتابة ستحدّد القارئ، الذي سيتعلّم قراءة ("العيش") ما لم يكن معتادًا على تلقيه من مكان آخر. نأمل أن يولد من جديد، وأن يتم تحديده بشكل مختلف: على سبيل المثال، عمليات التطعيمات (greffes) هذه دون الخلط بين الشعري في الطرق الفلسفية، أو طرق معينة لاستخدام المترادفات غير القابلة للتقرير، وحيل اللغة – التي قرأها كثيرون في ارتباك لتجاهلهم الضرورة المنطقية بشكل خالص.

كل كتاب هو بيداغوجيا يهدف إلى تكوين قُرّائه. إن إنتاجات الجماهير التي تغمر الصحافة والنشر لا تكون لأجل القراء، بل يتخيلون قارئًا مبرمجًا بالفعل.

لدرجة أنهم ينتهي بهم الأمر بتنسيق هذا المستلم المتوسط الذي تقدموا بطلب للحصول عليه مسبقًا. الآن، من أجل الإخلاص، كما تقول، في لحظة ترك أثر ما يمكنني فقط إتاحته لأي شخص: لا يمكنني حتى أن أخاطبه بشكل منفرد.

في كل مرة، مهما كنا نريد أن نكون مخلصين، فإننا بصدد خيانة تفرد الآخر الذي نتحدّث إليه. من باب أولى عندما يكتب المرء كتبًا ذات عمومية عظيمة: لا يعرف المرء لمن يتحدث، يبتكر ويخلق الصور الظلية، لكن في النهاية لم يعد هذا ملكًا لنا. شفهيًا أو مكتوبًا، كل هذه الإشارات تتركنا، وتبدأ في التصرف بشكل مستقل عنا. مثل الآلات، في أحسن الأحوال مثل الدمى – أشرح نفسي بشكل أفضل في ورقة ماكنة (غاليلي، 2001) في اللحظة التي تركت فيها كتابي يُنشر لم يجبرني أحد على القيام بذلك، أبدو وكأنني أختفي، مثل هذا الشبح المحتوم الذي لن يتعلم كيف يعيش أبدًا. الأثر الذي أخلفه يعني لي موتي: الآتي أو ما قد حدث بالفعل، وما آمل أن ينجو مني معا. إنه ليس طموحًا للخلود، إنه شأن بنيوي. أترك قطعة من الورق هناك، أنصرف، أموت: من المستحيل الخروج من هذه البنية (الهيكل)، إنها الشكل الثابت لحياتي. في كل مرة أتخلّى فيها عن شيء ما، أواجه موتي في الكتابة. المحنة الشديدة: يصادر المرء ممتلكاته دون أن يعرف من، إذا تحدثنا بشكل صحيح، فإن الشيء الذي يتركه هو المؤتمن. من سيرث وكيف سيحدث ذلك؟ هل سيكون هناك ورثة؟ هذا سؤال يمكننا طرحه على أنفسنا اليوم أكثر من أي وقت مضى. يشغلني باستمرار ودون توقف.

لقد تغير زمن ثقافتنا التقنية بشكل كبير في هذا الخصوص. لقد اعتاد الناس من "جيلي"، وبالأحرى الجيل الأكبر سنًا مني، على إيقاع تاريخي معين: اعتقدنا أننا نعلم أن مثل هذا العمل يمكن أو لا يمكن أن يستمر، اعتمادًا على خصائصه ومواصفاته، لقرن واحد أو اثنين أو حتى، مثل أفلاطون، لخمسة وعشرين قرنا. ولكن تسارع أساليب الأرشفة اليوم رغم الاستعمال والتلف يعمل على تغيير

هيكلة التراث وديمومته. بالنسبة للفكر، تتخذ مسألة البقاء الآن أشكالًا لا يمكن التنبؤ بها على الإطلاق.

في مثل سني، أنا مستعد لأكثر الفرضيات تناقضًا حول هذا الموضوع: في الوقت نفسه، أتوسل إليك أن تصدقني، لدي شعور مزدوج، من ناحية، أن أقولها مبتسما ودون تحفظ، لم يشرعوا في قراءتي بعد، حتى ولو كان هناك عديد من القراء الجيدين بالطبع (ربما بضع عشرات في العالم)، في الأساس، سيكون لكل هذا فرصة للظهور لاحقًا؛ ولكن أيضًا، من ناحية أخرى، بعد أسبوعين أو شهر من موتي، **لن يبقى أي شيء**. لا شيء عدا ما يحفظه الإيداع القانوني في المكتبة. أقسم لك، أنا أؤمن بصدق وفي الآن معا بهاتين الفرضيتين.

ج.ب: في صميم هـذا الأمـل، توجـد اللغـة، وقبـل كـل شـيء اللغـة الفرنسـية. عندما نقرأ لك، نشعر في كل سطر بقوة شغفك بها. في أحادية الآخر اللغوية (*Le Monolinguisme de l'autre*) غاليلي 1996، تذهب إلى حد تقديم نفسك، بكثير من المفارقة، على أنك "آخر مدافع وشارح للغة الفرنسية"..

جاك دريدا: ليست لي، رغم أنها اللغـة الوحيـدة التـي "أملكهـا" وهي تحت تصرّفي (ولا تزال!). خبرة اللغة، بالطبع، هي شـأن حيـوي ومميت، لـذلك، لا شـيء أصْلِيٌّ في ذلك. جعلتني الأقدار يهوديًا فرنسيًا من الجزائر من الجيل الـذي ولد قبل "حرب الاستقلال": الكثير من الاختلافات الفردية، بين اليهود وحتى بين يهود الجزائر. لقد شاركت في تحوّل غير عادي لليهودية الفرنسية في الجزائر: كان أجدادي قريبين جدًا من العرب من حيث اللغة والعادات وما إلى ذلك.

بعد مرسوم كريميو (1870) Crémieux، في نهاية القرن التاسع عشـر، أصبح الجيل التالي مرهونًا للبرجوازية: على الرغم من أنهم تزوجوا سراً تقريبًا في الفناء الخلفـي لـدار البلديـة في الجزائـر العاصمـة بسبب المـذابح (في منتصف قضية دريفوس)، كانت جدتي تربي بناتها بالفعل مثل البرجوازية الباريسية (الأخلاق

الحميدة في الدائرة السادسة عشر، دروس العزف على البيانو...). ثم جاء جيل والدَيّ: عـدد قليـل مـن المثقفين، وأغلبهم مـن التجار، متواضعون ماليا أم لا، وبعضـهم كـان يستغل بالفعل الوضـع الاسـتعماري بتنصيب أنفسـهم ممثّلـين حصريين للعلامات التجارية الكبرى: بمكتب صغير مساحته 10 أمتار مربعـة وبدون سكرتيرة، يمكنهم تمثيل كـل "صابون مرسيليا" في شـمال إفريقيا - هنا أقوم بتبسيط الأمور قليلاً.

ثم وفد جيلي (انحدر غالبية المثقّفين من المهـن الحرة والتدريس والطب والقانون، إلخ) إلى فرنسا عام 1962. أما أنا فكان مجيئي إليها قبل ذلك (1949). بالكاد أبالغ إذا قلت، أن الزيجات "المختلطة" بدأت بطريقة تكاد تكون مأساوية وثورية ونادرة وخطيرة. ومثلما أحب الحياة وأحب حياتي، فأنـا أحب مـا جعـل مني مـا أنـا عليـه، وعنصـره الأساسـي هـو اللغة، هـذه اللغـة الفرنسـية هـي اللغة الوحيدة التي تعلّمتها للارتقاء، وهي أيضًا اللغة الوحيـدة التي يمكنني أن أدَّعي مسؤوليتي عنها بشكل أكثر أو أقل.

هذا هو السبب في وجود طريقة في كتابتي للتعامل مـع هـذه اللغة، لـن أقـول أنها منحرفة، بل عنيفة بعض الشيء. بسبب الحـب. يأتي الحـب بشكل عـام مـن خـلال حـبّ اللغـة، وهـو لـيس قوميًـا ولا محافظًـا، ولكنـه يتطلـب البراهـين والمحاكمات. نحن لا نفعل أي شيء باللغة، فهي موجودة قبلنا، وتبقى على قيد الحياة بعدنا. إذا أثرت على لسانك بشيء ما، فعليك أن تفعل ذلك بطريقة راقية، مع عدم احترام قانونها السِّري. هـذا ما يعنيه الإخلاص غير المخلص: عندما أنتهك اللغة الفرنسية، أفعل ذلك مع الاحترام الراقي لمـا أعتقد أنه أمر زجري لهذه اللغة، في حياتها وتطورها. أنا لا أقرأ، بدون سخرية وأحيانًا بازدراء، لأولئك الذين يعتقدون أنهم ينتهكون، على وجه التحديد بـدون حـب، التهجئة أو النحـو "الكلاسيكي" للغة الفرنسية، فهـم يشبهون العـذارى الـذين لـم يفقهوا ممارسـة الحب فتبوء ممارساتهم بالقذف المبكِّر، في حين أن اللغة الفرنسية الجليلة، لا

يمكن المساس بها أكثر من أي وقت مضى، تشاهد بروية في المرحلة التالية. أصف هذا المشهد المضحك بطريقة قاسية إلى حد ما في **البطاقة البريدية** (فلاماريون، 1980).

ما يهمني هو ترك آثار في تاريخ اللغة الفرنسية. أعيش من أجل هذا الشغف، إن لم يكن لفرنسا، على الأقل لشيء أدرجته اللغة الفرنسية لقرون. أفترض أنني إذا أحببت هذه اللغة كما أحب حياتي، وأحيانًا أحبها أكثر من حب هذا أو ذاك الفرنسي الأصلي لها، فذلك لأنني أحبها كأجنبي تم الترحيب به، والذي استولى على هذه اللغة باعتبارها اللغة الوحيدة الممكنة بالنسبة له. الشغف والبراعة.

كل فرنسيي الجزائر يشاركونني هذا، سواء كانوا يهودًا أم لا. أولئك الذين جاؤوا من المدينة (الميتروبوليس) كانوا جميعهم أجانب أنفسهم: مضطهدين ومعياريين وطبيعيين ومتعهدين للأخلاق (moralisateurs). لقد كان نموذجًا أو عادة أو جبلة (habitus)، وعليك الامتثال لها. عندما يصل مدرس من الميتروبول (métropole) بلكنة فرنسية، نجده سخيفا! تتأتّى البراعة الفردية من هناك: لديّ لغة واحدة فقط، وفي الوقت نفسه هذه اللغة ليست لغتي. لقد أدت قصة فردية إلى تفاقم هذا القانون العالمي بداخلي: اللغة ليست ملكا لأحد، هي مشاعة. ليس بشكل طبيعي وجوهري. ومن هنا جاءت أوهام الملكية والاستيلاء والفرض الكولونيالي.

ج.ب: بشكل عام، تجد صعوبة في قول "نحن" – على سبيل المثال "نحن الفلاسفة" أو "نحن اليهود". ولكن، مع تفشي الاضطراب العالمي الجديد، يبدو أنك أقل ترددًا في قول "نحن الأوروبيين". بالفعل، في كتاب الرأس الآخر، غاليلي، 1991، الذي كتب في فترة حرب الخليج الأولى، قدّمت نفسك على أنك "أوروبي قديم"، على أنه "نوع من أنصاف الطبقة الأوروبية".

جاك دريدا: أذكرك بنقطتين اثنتين: أجد صعوبة في قول "نحن"، لكنني أقولها أحيانًا. على الرغم من كل المشاكل التي تعذّبني في هذا الموضوع، بدءًا من السياسة الكارثية والانتحارية لإسرائيل – وبسياسة صهيونية معينة (لأن إسرائيل لا تمثل اليهودية في نظري أكثر مما تمثل الشتات أو حتى الصهيونية العالمية أو الأصلية، التي كانت متعدّدة ومتناقضة؛ علاوة على ذلك، هناك أيضًا مسيحيون أصوليون في الولايات المتحدة يسمون أنفسهم صهاينة حقيقيين. قوة اللوبي الخاص بهم أهم من الجالية اليهودية الأمريكية، ناهيك عن السعودية، في التوجه المتصل بالسياسة الأمريكو–إسرائيلية) – حسنًا، على الرغم من كل هذا والعديد من المشكلات الأخرى التي أواجهها مع "يهوديتي"، لن أنكر ذلك أبدًا.

سأقول دائمًا، في مواقف معينة، "نحن اليهود". تقع هذه "النحن" المعذبة في صميم أكثر ما يزعجني في فكري، ذلك الذي أطلق عليه بابتسامة خفيفة "آخر اليهود". سيكون في خلدي ما قاله أرسطو بعمق عن الصلاة (eukhè) **أوخيه** إنها لا صحيحة ولا خاطئة. إنها حرفيا صلاة. لذلك لن أتردد في قول "نحن اليهود" و"نحن الفرنسيين" كذلك في مواقف معينة.

بعد ذلك، منذ بداية عملي، والذي سيكون "تفكيكًا" بحد ذاته، بقيت شديد النقد للمركزية الأوروبية، في حداثة صيغها، مع فاليري، هوسرل أو هايدجر على سبيل المثال. التفكيك بشكل عام هو تعهد اعتبره الكثيرون بحق على أنه بادرة عدم ثقة في أي مركزية أوروبية. عندما تحين فرصة، لأقول "نحن الأوروبيين" هذه الأيام، يكون الأمر ظرفيًا ومختلفًا تمامًا: كل ما يمكن تفكيكه وفقًا للتقاليد الأوروبية لا يمنع ذلك، على وجه التحديد بسبب ما حدث في أوروبا، بسبب التنوير، بسبب تقلّص هذه القارة الصغيرة والذنب الهائل الذي يخيم الآن على ثقافتها (الشمولية، النازية، الإبادة الجماعية، المحرقة، الكولونيالية وإنهاء الكولونيالية، إلخ).

اليـوم، في الوضـع الجيوسياسي الـذي نعيشـه، وأوروبـا هي أوروبـا أخرى ولكن مع الذاكرة نفسها، يمكنهما الاجتماع معًا ضد سياسة الهيمنة الأمريكية (على صورة وولفويتز، تشيني، رامسفيلد، إلخ) وضـد ثيوقراطيـة عربيـة إسلامية بدون تنوير وبدون مستقبل سياسي (لكن دعونا لا نغض الطرف عـن التناقضـات وعـدم التجانس بين هاتين المجموعتين، ودعونا نتحالف مـع أولئك الـذين يقاومون هاتين المجموعتين من داخل الكتلتين).

تجـد أوروبـا نفسـها تحـت أمر الزجـر لتحمـل مسؤوليـة جديـدة. أنـا لا أتحـدث عـن المجتمـع الأوروبـي كمـا هـو موجـود أو يتشـكل في أغلبيتـه الحاليـة (النيوليبراليـة) والمهـددة فعليًـا بعديـد مـن الحـروب الداخليـة، ولكـن عـن أوروبـا القادمـة التي تبحـث عـن نفسـها. في أوروبـا ("الجغرافيـة") وأمـاكن أخرى. إن مـا يسـمى جبريًـا "أوروبـا" يتحمـل مسـؤوليات، مـن أجـل مستقبل الانسـانية، ومسـتقبل القانون الـدولي – وهـذا هـو إيمـاني واعتقـادي. وهناك لـن أتـردد في قـول: "نحـن الأوروبيـين". إنهـا ليسـت مسـألة الرغبـة في تكـوين دسـتور لأوروبـا وتكـون قـوة عسـكرية عظمـى أخرى، تحمـي سـوقها وتعمـل كثقـل مـوازن للكتـل الأخـرى، بـل هـي مسـألة أوروبـا التي مـن شـأنها أن تـزرع بـذرة جديـدة مناهضـة للعولمـة ولسياسـاتها. وهـو بالنسـبة لـي المخـرج الوحيـد الممكن.

هذه القوة على قدم وساق. حتى لو كانت دوافعها لا تزال مشوّشة، أعتقد أن لا شيء سيوقفها. عندما أقول أوروبا، هذا كل شيء: أوروبا مناهضة للعولمة، وتحوّل مفهوم وممارسات السيادة والقانون الدولي. وقدرتها على امتلاك قوة مسلحة حقيقية، مستقلة عن الناتو والولايات المتحدة الأمريكية، قـوة عسـكرية، غير هجومية ولا دفاعية ولا حتى وقائية، ستتدخّل دون تأخير لخدمة القرارات التي تحترمها الأمم المتحدة الجديدة (على سبيل المثال في إسرائيل، بشكل عاجل، ولكن في أمـاكن أخرى أيضًـا). إنه المكان الـذي يمكننا عبره التفكير

بشكل أفضل في صـور معينـة مـن العلمانيـة، علـى سـبيل المثـال، أو في العدالـة الاجتماعية، وكثير من الموروثات الأوروبية.

قلتُ للتـو "العلمانية". اسمح لـي هنا بفتح قـوس طويـل. لا يتعلـق الأمـر بالحجاب في المدرسة ولكن بحجاب "الزواج". لقد دعمـت دون تـردد مبادرة نويل مـامير الشـجاعة والمرحب بهـا بتوقيعي لهـا، حتـى لـو كـان زواج المثليين جنسيًا يشكل مثالاً على هذا التقليد الجميل الـذي افتتحه الأمريكيون في القرن الماضي تحت اسـم "العصيان المدني": ليس تحديًا للقانون، ولكن العصيان لـنص تشـريعي باسـم "قـانون أفضـل - قـادم أو مكرس بالفعل في روح أو نص الدستور. حسنًا، لقد "وقّعت" في هذا السياق التشريعي الحالي لأنه يبدو لـي غيـر عادل - بالنسبة لحقوق المثليين - فضلا عن كونه منافقا وملتبسا روحًا ونصًا.

لو كنت مشرّعًا، لاقترحت التخلص من كلمة ومفهـوم "الزواج" في القـانون المدني والعلمانية. "الزواج"، قيمة دينية ومقدسة ومغايرة جنسيا - مـع الرغبـة في التناسل والإخلاص الأبدي، إلخ. - إنه تنازل من لدن الدولـة العلمانية للكنيسة المسيحية - ولا سيما في نظامها أحاديّ الزواج الذي ليس يهوديًا (تم فرضه على اليهود من قبل الأوروبيين فقط في القرن الماضي ولـم يشكّل التزامًا قبل بضعة أجيال لدى يهود المغرب) ولا إسلاميا كما نعلـم ذلك جيدًا. من خـلال إزالة كلمة ومفهوم "الزواج"، هذا الغموض أو هذا النفاق الديني والمقـدس، الـذي لا مكان له في الدستور العلماني، سيتم استبدالهم بـ "اتحاد مدني" تعاقدي، وهو نـوع من الاتحاد المدني المعمم والمحسّن...، مصقول ومرن ومعدَّل بين الشـركاء مـن الجنس نفسه أو عدد غير مفروض منه.

أمـا بالنسـبة لأولئك الـذين يريـدون، بـالمعنى الـدقيق للكلمـة، أن يربطـوا أنفسهم بـ "الزواج" -الذي لا أنفي احترامي له-، فيمكنهم فعل ذلك أمام السلطة الدينية التي يختارونها- وهـذا هـو الحـال في البلـدان الأخرى التي توافـق على تكريس الزواج من الجنس نفسه دينيا. يمكن للبعض أن يتحد وفقًا لصيغة أو

أخـرى، والبعـض علـى كـلا الصـيغتين، والبعـض الآخـر لا يتحـد وفقًـا للقانـون العلماني ولا وفقًا للقانون الديني. إنها القوس الذي فتحته. أنهي القوس الذي فتحته. إنها طوباوية، لكنني متأكد من أنني أحدد تاريخا.

ما أسميه "التفكيك"، حتى عندما يكون موجهًا ضد شيء ما في أوروبا، فهو أوروبي، إنه نتاج أوروبا، علاقة بأوروبا نفسها كتجربة الغيرية الراديكالية. منذ عصر التنوير، كانت أوروبا تنتقد نفسها باستمرار، وفي هذا التراث المثالي، هناك فرصة للمستقبل. على الأقل آمل ذلك، وهـذا ما يغـذي سـخطي مـن الخطابـات التي تدين أوروبا بشكل قاطع، وكأنها موقع لجرائمها فقط.

ج.ب: أما بالنسبة لأوروبا، فأنت في حالة حـرب مـع نفسك؟ مـن ناحيـة أخـرى، لاحظت أن هجمـات 11 سبتمبر دمّـرت القواعـد الجيوسياسية القديمـة للقـوى السيادية، وبالتالي توقع أزمة مفهوم معين للسياسي، والـذي تعرفـه بأنـه أوروبي علـى وجـه التحديـد. مـن ناحيـة أخـرى، تحـافظ علـى ارتباطـك بهـذه الـروح الأوروبية، وقبل كل شيء بالمثل العالمية للقانون الدولي، التي تصف انحطاطها أم خلاصها بدقة...

جاك دريدا: يجب أن "نرفع" السياسة الكونية إلى مسـتوى جديـد (يُنظر: سياسات كونية لكل البلدان: جهـد آخـر، غاليلي، 1997) عندما نقول السياسة، فإننا نستخدم كلمة يونانية، مفهوم أوروبي لطالما افترض الدولة، ترتبط صيغة بـوليس (*polis*) بالأراضـي الوطنيـة والأهليـة. مهمـا كانـت التصدّعات في هـذا التاريخ، يظلّ مفهوم السياسة هو السائد، في اللحظة نفسها التي تعمل فيها عديد من القوى على تفكيكها: لم تعد سيادة الدولة مرتبطة بإقليم، وتقنيات الاتصال والاسـتراتيجية العسـكرية أيضًـا. وهـذا التفكـك يضـع بشـكل فعّـال المفهـوم الأوروبي القديم للسياسة في أزمة. والأمر ينطوي على الحرب كذلك، والتمييـز بين الإرهاب المدني والعسكري، والإرهاب المحلي أو الدولي.

لكني لا أعتقد أنه عليك أن تسخط على السياسة. الشيء نفسه ينطبق على السيادة، التي أعتقد أنها جيدة في مواقف معينة، على سبيل المثال لمحاربة بعض قوى السوق العالمية. هنا مرة أخرى، هذا تراث أوروبي يجب الحفاظ عليه وتحويله في آن معا. هذا أيضًا ما أدافع عنه في مارقون (غاليلي، 2003) عن الديمقراطية كفكرة أوروبية، التي لم تكن موجودة بشكل مُرضٍ على الإطلاق، ولم تأت بعد. وبالفعل ستجد دائمًا هذه الإيماءة بداخلي، التي ليس لديّ أي مبرر نهائي لها، باستثناء أنني أنا، حيث أنا.

أنا في حالة حرب مع نفسي، هذا صحيح، لا يمكنك معرفة حجم هذا الشعور، بخلاف ما تخمّنه، وأقول أشياء متناقضة، وهي، على سبيل المثال، في حالة توتّر حقيقي، تبنيني، تجعلني أعيش، وتجعلني أموت. هذه الحرب، أراها أحيانًا على أنها حرب مرعبة ومؤلمة، لكن في الوقت نفسه أعلم أنها الحياة. سأجد السلام فقط في الراحة الأبدية. لذلك لا أستطيع القول إنني أفترض هذا التناقض، لكنني أعلم أيضًا أن هذا هو ما يبقيني على قيد الحياة، ويجعلني أطرح السؤال، على وجه التحديد، الذي ذكرته سابقا، "كيف نتعلم أن نعيش؟"

ج.ب: يضمّ عملك تأمّلا فكريا عتيقا حول العلاقة بين القوة والمعرفة، بين المؤسَّسات البحثية والدولة. يتجلّى تأمّلك الفكري مرة أخرى وينبع من وعد أوروبي خاص بـ "إنسانيات الغد" (الجامعة بدون شروط)؟

ما أطلقُ عليه اسم "جامعة الغد"، يجب ألا ينحصر في البعد الأداتي أو يفترض بشكل مسبق أن التعليم يتبنّى مهمته الموصوفة في مفهومه في حد ذاته. هناك مفهوم أوروبي حديث نسبيا يلتمس من الجامعة أن تنظّم بحوثها عن الحقيقة دون شروط إلزامية. بعبارات أخرى، أن تكون حرة لتنتقد وتُسائِل وتشكِّك، بعيدا عن محدّدات القِوى السياسية أو الدينية. أشار كانط إلى هذه النقطة حين وضع الفلسفة في مرتبة أدنى من الطِّب والقانون واللاّهوت طبعا،

لأنها الأكثر بعدا عن القوة والسلطة. لكنه يضمن لها مقابل ذلك امتيازا تكون فيه حرة لقول كل شيء يعد صادقا، بشرط قوله داخل الجامعة وليس خارجها، وهذا كان اعتراضي على كانط. في المفهوم الأصلي للجامعة، يكمن هذا الزعم المطلق لحرية غير مشروطة للتفكير والسؤال والنقد.

ج.ب: ما العمل بخصوص مراجعي الهولوكوست المنكرين لوجود غرف الغاز وحقيقة المحرقة برمتها؟

لنا الحق كلّه بطرح جميع الأسئلة. لكن حينما يستجيب أحدهم للأسئلة بتزييفات أو حقائق مضادّة، إشارات لا علاقة لها بالبحث النزيه أو الفكر النقدي، فهذا شأن آخر. فهي تمثل إما انعدام أهلية أو أداتية غير مبرَّرة، يتوجّب تقريعها كما نفعل مع تلميذ سيء. فهو لا يتمتّع بمنزلة بروفيسور يمكنه قول كل ما في جعبته في الجامعة، مع حفظ فضاء الجامعة لإمكانية وضع الأسئلة وإعادة فحص الأشياء. إذا قال فوريسون ببساطة: "امنحوني الحق للقيام ببحث تاريخي، امنحوني الحق بألا ألزم شهودا بكلماتهم"، عندها فقط سأتركه يعمل بشكل كلي. ولكن عندما يريد، مضادّا لجبل من الأدلة، أن يمضي من هذه الأسئلة النقدية إلى تأكيدات غير مقبولة من وجهة الحقيقة المختبرة المثبتة، فهو غير مؤهّل حينها، بل مؤذ أيضا، وغير مؤهّل قبل هذا وذاك. فهو لا يستحق أن يقدم نفسه بوصفه أستاذا جامعيا، وفي هذه الحالة تكون المناظرة مستحيلة. لكن من حيث المبدأ، تبقى الجامعة الفضاء الوحيد؛ حيث تظلّ المناظرة النقدية مفتوحة بدون شروط. أتمسّك بهذا الميراث باعتزاز، حتى لو كانت علاقتي بالجامعة معقّدة. إنّه من ميراث أوروبا والفلسفة الإغريقية، حيث لم يولد في فضاء آخر. ورغم كل الأسئلة التفكيكية التي أضعها بخصوص هذه الفلسفة، أستمرّ قائلا "نعم"، نعم خاصة بها، ولن أتقدم أبدا لطرحها جانبا. لم أدر ظهري للفلسفة أو لأوروبا أبدا، إشاراتي هي من نوع آخر. لن أقول أبدا -وأنت تعرف ما أشير إليه هنا- "انسوا أوروبا!"، "وداعا أيتها الفلسفة!".

ج.ب: كتابان صدرا حديثا: "نهاية العالم، فريدة في كل مـرة" (غاليلي، 2003) وحُملان (غاليلي، 2003) عدت فيهما إلى سؤال الخلاص العظيم، عـن استحالة الحداد، البقاء على قيد الحياة. إذا كان مـن الممكن تعريف الفلسفة على أنها "توقع فطن للموت" (ينظر الإماتة، غاليلي، 1999)، فهل يمكن اعتبـار "التفكيك" إتيقا للناجي، لا نهاية لها؟

جاك دريـدا: كـان يقصد بهـا في كتـاب الإماتة إعـادة تأويـل نقدية وجديـدة للمسؤولية، من خلال بـث جوهر أوروبـي-مسيحي، فحسـب ما قدّمـه المفكّر باتشكا –الذي أكنّ له إعجابا كبيرا-في قراءته لقصص إبراهيم كما جاءت عند كيركيجارد، حاولت انتقـاد قصـة تقييـد اسـحاق، ومؤسـف أننـي لـم أتعامـل مـع سؤال الزواج المسيحي في ذلك الكتاب أو لاحقا مثلمـا فعلـت في كتابي **الحنث باليمين** الذي نشر في (Cahier de l'Herne).

كما أشرتُ بالفعل، منذ البداية، وقبل تجارب البقاء التي تخصني الآن بفترة طويلة، فقد لاحظت أن البقاء/ الخلاص هو المفهوم الأصلي، الذي يشكل البنية ذاتهـا لمـا نسـميه الوجـود، الـدازاين، الوجـود هنـاك (*Da-sein*)، إن شـئت. نحن ناجون من الناحية البنيوية، موسومون ببنية الأثر والوصية. لكن بعد أن قلت هذا، لا أودّ أن أفسح المجال للتأويل القائل بأن البقاء على قيـد الحيـاة هـو بالأحرى إلى جانب الموت والماضي وليس إلى جانـب الحيـاة والمستقبل. لا، التفكيك طوال الوقت إلى جانب "نعم" لتأكيد الحياة.

منذ (*Pas*) في كتابي **نواح** (غاليلي، 1986) على الأقل، فكـل مـا أقولـه عـن البقاء باعتباره تعقيدًا لمعارضة الحياة-الموت يأتي من تأكيد غير مشروط للحياة. البقاء/ النجاة، هو حياة ما وراء الحياة، وحياة أكثر من الحياة، والكلام الذي ألقيه ليـس خطـاب مـوت، بـل نقيـض ذلـك، إنه تأكيـد لكـائن حيّ يفضّـل أن يعـيش وبالتالي ينجو من الموت، لأن النجاة ليست مجرد ما يتبقى، إنها إمكانية الحياة الأكثر كثافة. لست مسكونًا أبدًا بالحاجة إلى المـوت كمـا في لحظـات السعادة

والمتعة. الاستمتاع وبكاء الموت الذي ينتظرني، هما بالنسبة لي سيّان. عندما أتذكر حياتي، أميل إلى التدبر بأنه كانت لدي هذه الفرصة لأحب حتى اللحظات التعيسة في حياتي، وأن أباركها جميعها تقريبًا، باستثناء واحد. عندما أتذكر اللحظات السعيدة، أباركها أيضًا، بالطبع، في الوقت نفسه تدفعني نحو فكرة الموت، صوب الموت، لأن كل شيء مضى وانتهى...